거대한 호주 대륙을 품다

호주 일주 ^상
Australia

거대한 호주 대륙을 품다
호주(AUSTRALIA) 일주(상)

초판 1쇄 발행 2025년 5월 5일

지은이 이종호
펴낸이 장길수
펴낸곳 지식과감성#
출판등록 제2012-000081호

교정 김지원
디자인 이현
편집 이현
검수 정은솔
마케팅 김윤길

주소 서울시 금천구 벚꽃로298 대륭포스트타워6차 1212호
전화 070-4651-3730~4
팩스 070-4325-7006
이메일 ksbookup@naver.com
홈페이지 www.knsbookup.com

ISBN 979-11-392-2575-4(03940)
값 28,000원

- 이 책의 판권은 지은이에게 있습니다.
- 이 책 내용의 전부 또는 일부를 재사용하려면 반드시 지은이의 서면 동의를 받아야 합니다.
- 잘못된 책은 구입하신 곳에서 바꾸어 드립니다.

지식과감성#
홈페이지 바로가기

이종호의 세계 기행 4

거대한 호주 대륙을 품다

호주 일주 ^상
Australia

이종호 지음
조경현 사진

지식감정

거대한 호주대륙을 품다

호주(상)
AUSTRALIA

호주의 브리즈번에서 출발하여 퀸즐랜드, 뉴사우스웨일스,
캐피털 테리토리, 빅토리아, 태즈메이니아,
사우스오스트레일리아에 있는 유명한 관광지를
두루 둘러보는 것으로 장장 9,849.8km를 이동하면서
웅대한 호주 대륙의 다양하고 아름다운 자연의 모습을
감상할 수 있었던 호주 일주 여행길

호주 전체 지도

구간별 지도

제1구간

브리즈번 ➡ 시드니 ➡ 멜버른

제2구간

태즈메이니아 데번포트 ➡ 비체노 ➡ 포트아서 ➡ 호바트 ➡ 크레이들 마운틴

제3구간

밸러랫 ➡ 그램피언스 국립공원 ➡ 아폴로 베이 ➡ 캥거루 아일랜드 ➡ 애들레이드 ➡ 쿠버 피디 ➡ 화이앨라

차례

상권

서언 14

1 호주(Australia) 현황 16
  1) 호주의 역사 16
  2) 호주의 사회 16
  3) 기후와 시차 17
  4) 호주와 한국의 관계 19
  5) 여행 20

2 호주 일주 여행기 21
  1) 총괄 내용 21
  2) 일자별 여행기 28
    제1일 서울(Seoul) 28
    제2일 브리즈번(Brisbane) 29
    제3일 브리즈번(Brisbane) 35
    제4일 골드 코스트(Gold Coast) 42
    제5일 골드 코스트(Gold Coast) 47
    제6일 골드 코스트(Gold Coast) 54
    제7일 뉴사우스웨일스(New South Wales)의 콥스 하버(Coffs Harbour) 59
    제8일 콥스 하버(Coffs Harbour), 포트 맥콰리(Port Macquarie) 64
    제9일 포트 스티븐스(Port Stephens), 뉴캐슬(Newcastle) 71
    제10일 뉴캐슬(Newcastle), 노스 시드니(North Sydney) 78
    제11일 시드니(Sydney) 85
    제12일 시드니(Sydney) 95
    제13일 시드니(Sydney) 101
    제14일 시드니(Sydney) 110
    제15일 시드니(Sydney) 115
    제16일 시드니(Sydney) 121
    제17일 시드니(Sydney) 126

제18일 시드니(Sydney), 카툼바(Katoomba) 132

제19일 카툼바(Katoomba), 제놀란(Jenolan) 140

제20일 캔버라(Canberra) 146

제21일 캔버라(Canberra) 157

제22일 크로아징골롱 국립공원(Croajingolong National Park) 166

제23일 필립 아일랜드(Phillip Island) 172

제24일 킬다(Kilda) 176

제25일 멜버른(Melbourne) 181

제26일 멜버른(Melbourne) 186

제27일 멜버른(Melbourne) 194

제28일 멜버른(Melbourne) 201

제29일 데번포트(Devonport), 론체스톤(Launceston), 비체노(Bicheno) 206

제30일 와인글라스 비치(Wineglass Beach) 212

제31일 호바트(Hobart) 217

제32일 호바트(Hobart) 223

제33일 호바트(Hobart) 232

제34일 크레이들 마운틴(Cradle Mountain) 237

제35일 데번포트(Devonport) 243

제36일 밸러랫(Ballarat), 그램피언스 국립공원(The Grampians NP) 248

제37일 트웰브 아포슬 마린 국립공원(Twelve Apostles Marine National Park) 256

제38일 킹스톤(Kingston) 263

제39일 캥거루 아일랜드(Kangaroo Island) 269

제40일 캥거루 아일랜드(Kangaroo Island) 273

제41일 캥거루 아일랜드(Kangaroo Island) 280

제42일 애들레이드(Adelaide) 283

제43일 애들레이드(Adelaide) 289

제44일 애들레이드(Adelaide) 300

제45일 쿠버 피디(Coober Pedy) 305

제46일 화이앨라(Whyalla) 314

제47~57일(여행 중단에서 귀국까지 일정) 320

하권

1 호주 일주 여행기
  1) 총괄 내용
  2) 일자별 여행기
     제58일 서울(Seoul)
     제59일 시드니(Sydney), 골번(Goulburn)
     제60일 발래널드(Balranald)
     제61일 스톤 허(Stone Hut)
     제62일 포트링컨(Port Lincoln)
     제63일 세두나(Ceduna)
     제64일 유클라(Eucla)
     제65일 마두라(Madura), 노스맨(Norseman)
     제66일 하이든(hyden), 쿨린(Kulin)
     제67일 번버리(Bunbury)
     제68일 프리맨틀(Fremantle), 퍼스(Perth)
     제69일 퍼스(Perth), 얀첩 국립공원(Yanchep National Park)
     제70일 남붕 국립공원(Namboong National Park)
     제71일 제럴턴(Geraldton), 칼바리(Kalbarri)
     제72일 칼바리(Kalbarri)
     제73일 칼바리(Kalbarri), 몽키 미아(Monkey Mia)
     제74일 미카사라(Meekatharra)
     제75일 뉴먼(Newman)
     제76일 포트 헤들랜드(Port Hedland)
     제77일 더비(Derby)
     제78일 홀스 크릭(Halls Creek)
     제79일 Purnululu National Park의 Bungle Bungle Range
     제80일 쿠난어라(Kununurra)
     제81일 캐서린(Katherine)
     제82일 캐서린(Katherine)
     제83일 리치필드 국립공원(Litchfield National Park)
     제84일 다윈(Darwin)
     제85일 메리 리버 국립공원(Mary River National Park)
     제86일 카카두 국립공원(Kakadu National Park)
     제87일 마타란카(Mataranka)

제88일 테넌트 크릭(Tennant Creek)
제89일 앨리스 스프링스(Alice Springs)
제90일 앨리스 스프링스(Alice Springs)
제91일 킹스 크릭(Kings Creek)
제92일 킹스 크릭(Kings Creek)
제93일 울루루-카타 추타 국립공원(Uluru-Kata Tjuta National Park)
제94일 울루루-카타 추타 국립공원(Uluru-Kata Tjuta National Park)
제95일 테넌트 크릭(Tennant Creek)
제96일 마운트 아이자(Mount Isa)
제97일 리치몬드 힐(Richmond Hill)
제98일 쿠란다(Kuranda)
제99일 쿠란다(Kuranda)
제100일 팜 코브(Palm Cove), 트리니티 비치(Trinity Beach)
제101일 케언즈(Cairns)
제102일 케언즈(Cairns)
제103일 타운스빌(Townsville), 에얼리 비치(Airlie Beach)
제104일 에얼리 비치(Airlie Beach)
제105일 맥카이(Mackay)
제106일 록햄프턴(Rockhampton), 번다버그(Bundaberg)
제107일 아그네스 워터(Agnes Water)
제108일 허비 베이(Hervey Bay)
제109일 허비 베이(Hervey Bay)
제110일 누사(Noosa)
제111일 샌드게이트(Sandgate)
제112일 고스퍼드(Gosford)
제113일 키아마(Kiama)
제114일 시드니(Sydney)
제115일 시드니(Sydney)

↓

마치는 글

서언

호주 일주!

꿈은 이루어진다.

호주 대륙을 일주해 보고 싶다는 막연한 희망이 있었다. 그러나 호주 대륙은 너무나 크고 기후도 다양해서 일주 여행을 결단하기까지는 많은 망설임이 있었다.

여행을 좋아하는 사람이라면 누구나 거대한 호주 대륙을 일주해 보고 싶다는 욕망을 가지게 되는데 100여 일이 넘는 대장정의 여행길을 안내자 없이 렌터카로 여행한다는 것은 무모한 도전과도 같은 것이다.

처음 여행 계획을 세우는 것부터 힘든 작업이었다. 서호주나 노던 준주의 경우 마을 간의 거리가 멀어 하루에 750여 km를 이동해야 하는 날도 있어 무척 긴장되는 일정이었다.

주유소 간의 거리가 멀어 이동 중 차량의 연료가 부족하지 않을까 하는 것도 여행 계획을 세우면서 많이 고민해야 했고 호주에서 운행되는 자동차는 우리나라의 경우와 반대로 오른쪽에 운전석이 있어 자동차 운전도 걱정스러운 문제 중의 하나였다.

여행하기로 결정하고 나서 항공편, 렌터카와 숙소를 예약하고 국제운전면허증을 발급받았다. 호주는 90일 이내의 관광 여행일 경우 비자가 면제되나 스마트폰에서 호주 ETA 앱을 사용해 ETA(전산처리 비자 확인서)를 발급받아야 한다.

인터넷을 위하여 호주 칩을 구입하였고 호주에서 사용할 수 있는 내비게이션에 관광지를 모두 입력하여 준비하였다.

호주 일주 여행은 퀸즐랜드주의 브리즈번에서 시작하여 뉴사우스웨일스주의 시드니, 호주의 수도 캔버라, 빅토리아주의 멜버른, 태즈메이니아주의 호바트, 남호주의 에들레이드까지 여행 일정을 마쳤을 즈음 코로나19의 발생으로 모든 관광지가 폐쇄되었다. 호텔 영업도 중단되어 여행을 중단하고 귀국하는 무척 어려운 상황이 되기도 했다.

여행 중단 후 기다리기를 3년, 나머지 구간의 여행을 위한 도전에 나섰다. 시드니에서 지난번에 여행을 마쳤던 애들레이드를 거쳐 서호주의 퍼스, 노던준주의 다윈, 퀸즐랜드주의 케언스와 타운스빌 등 유명한 관광지를 두루 둘러보고 호주 일주 여행의 마침표를 찍었다. 거대한 호주 대륙의 아름답고 다양하며 때 묻지 않은 자연을 직접 체험하고 가슴으로 느낄 수 있었던 아름다운 여행이었다.

여행기간이 115일이고 이동거리가 29,558km나 되는 여행이므로 주변에서 많은 염려와 격려를 하여 주셨고, 다음 카페 '걸어서 국토순례'에 올린 필자의 여행기를 읽으며 같이 동참하고 격려해 주신 분들이 많이 있어서 큰 힘이 되었다.

여행 기간 동안 많은 관심과 성원을 보내 준 친구와 주변의 모든 분들에게 감사드리며, 이 책의 출판을 위해 많은 시간을 할애하여 주신 편집진 모두에게 감사드린다.

2025년 3월
양동 소거에서

1
호주(Australia) 현황

1) 호주의 역사

호주는 태평양과 인도양 사이에 있으며 대륙의 절반 이상은 서부 고원지대이다. 호주에는 오랫동안 원주민(Aborigines)들이 거주해 왔는데, 이들은 최소 5만 년 전에 이주해 오기 시작했다. 1616년에 네덜란드인들과 1688년에 영국인들이 이 대륙에 발을 디뎠으나, 최초의 대규모 원정대는 1770년 제임스 쿡에 의해 이루어졌다. 이 원정으로 영국은 오스트레일리아에 대한 영유권을 선포했다. 1788년 최초의 영국인들이 포트 잭슨에 정착했는데 이때 원주민의 수는 대략 30만~100만 명에 이른 것으로 추정된다.

1859년까지 오스트레일리아 모든 주들에 주요한 식민 지역들이 형성되었다. 영국은 19세기 중반에 식민 지역들에 제한적 자치 정부를 인정했고 1901년에 식민 지역들을 영연방으로 통합하는 법이 발효되었다. 호주의 공식 명칭은 Commonwealth of Australia이다.

2) 호주의 사회

형식적으로 입헌군주제를 취하고 있으며, 국가원수는 영국 국왕이고 총

독에 의해 대표된다. 양원으로 구성된 의회 제도를 채택하고 있으며 정부 수반은 총리이다. 1968년 영국이 호주 정부 정책을 간섭할 수 있었던 헌법적인 장치들이 공식적으로 폐지되었다.

인구는 26,255,350명(2023년 추계)인데 유럽계(89%), 아시아계(4%), 원주민으로 구성되어 있으며 원주민이 전체 인구의 약 1/5을 차지한다. 공용어는 영어이고 화폐단위는 오스트레일리아 달러($A)이다.

수도는 캔버라이고 국토 면적은 7,692,202km^{2}로 남한 면적의 77배이다.

호주는 석탄, 석유, 우라늄 등 광물 자원이 풍부하다. 1979년 대량의 다이아몬드 광산이 발견되었고 금을 비롯한 각종 광석이 매장되어 있는데, 특히 철광은 세계 매장량의 1/2에 달하고 알루미늄망간 등의 원광 매장이 많다. 또한 천연가스, 석유 등의 매장량도 상당하다.

호주는 제1차 세계대전 당시 특히 갈리폴리에서 영국과 함께 싸웠다. 그리고 제2차 세계대전에서도 일본인들의 호주 점령을 막기 위해 참전했다. 6·25전쟁과 베트남 전쟁에서는 미국과 함께 전쟁에 참전했다.

3) 기후와 시차

반건조기후, 사막성기후, 온대성기후를 가지고 있으며 내륙은 대부분 사람이 살기 어려운 메마른 불모지이거나 반사막이어서 인구의 대부분이 해안지대에 살고 있다.

연강수량은 150~2,000mm로 다양하며 연평균 기온은 10~30℃로 서리의 피해는 적지만 태즈메이니아와 빅토리아 남부의 고지는 툰드라 기후가 나타나 겨울에는 눈이 내린다. 태즈메이니아섬의 고지에는 만년설이 쌓여 있다.

국토의 60% 이상이 연강수량 50mm 이하인 사막기후 지대, 그리고 10%가 연강수량 100mm 정도인 반건조기후 지역이다.

호주의 시차는 3개의 시간대로 되어 있다.
- 뉴사우스웨일스, 빅토리아, 퀸즐랜드, 태즈메이니아와 호주 수도권 특별구를 포함하는 동부표준시간(EST)은 서울보다 1시간 빠르다.
- 노던 테리토리를 포함한 중부표준시간(CST)은 서울보다 30분 빠르다.
- 사우스오스트레일리아가 속한 서부표준시간(WST)은 서울보다 1시간 늦다.

동북부인 퀸즐랜드와 중북부인 노던 테리토리 지역은 써머 타임(Daylight Saving)을 실시하지 않는다. (써머 타임 기간: 10월 첫 번째 일요일부터 다음 해 4월 첫 번째 일요일까지)

4) 호주와 한국의 관계

호주는 1949년 8월 한국을 승인한 뒤, 6·25전쟁에는 2만 명의 군인을 파견했다. 1961년 10월 수교를 합의하고 각기 상주 대사관을 설치했다. 북한과는 1974년 노동당 정부 시절에 수교를 했지만 1975년 10월에 북한이 공관을 철수했다. 한국에서는 1968년 박정희 대통령, 2009년 이명박 대통령이 호주를 방문했고 호주에서는 1982년 프레이저 총리, 1984년 호크 총리가 한국을 방문해 회담을 가졌다. 제24회 서울올림픽에는 399명의 선수단이 참가했다.

한국의 주요 수출품은 해양구조물, 승용차, 경유, 휘발유, 제트유 및 등유이고, 주요 수입품은 유연탄, 철광, 천연가스, 가축 육류, 알루미늄 괴 등이다.

2014년 한국과 호주 간 FTA가 발표되면서 양국의 제품에 관한 관세가 철폐되었다. 이 밖에 무역협정(1965 체결, 1975 개정), 문화협정(1971), 어업협정(1983), 핵협정(1983) 등이 체결되었다.

한국에서 대학생들이 워킹 홀리데이 프로그램을 이용해 호주를 방문하면서 양국의 젊은 층 간의 문화 교류가 활발히 진행되고 있다. 2021년 기준 호주에는 158,103명의 재외동포가 있으며, 한국에는 1,644명의 호주 국적 등록 외국인이 거주하고 있다.

5) 여행

우리나라에서 브리즈번과 시드니까지 직항이 있어 여행하기에 편리하다. 90일 이내의 관광 목적의 경우는 비자가 필요 없으나 ETA(전산처리 비자 확인서)를 발급받아야 한다.

여행 시즌은 지역별로 차이가 있다.
- 동남부: 시드니, 캔버라, 멜버른, 호바트, 11~3월이 여행 적기
- 동북부: 브리즈번에서 케언스까지의 동부 해안과 북부의 노던 테리토리는 봄, 가을이 여행 적기. 노던 테리토리는 12~3월이 우기이다.
- 퀸즐랜드주: 연중 쾌적한 날씨지만 허비 베이의 고래 관찰은 8~10월, 번다버그의 거북 산란 관찰은 12~1월이다.
- 건조한 사막기후: 대륙 내부는 11~4월까지 기온이 높고 6~9월이 가장 쾌적하다.
- 열대성기후: 건기(5~11월), 우기(12~4월)로 건기에 여행하는 것이 좋다.
- 연중 쾌적한 기후: 연중 온난하고 맑은 날이 많아 언제 여행해도 좋으나 남부의 5~9월은 해수욕에 적합하지 않다.
- 사계절이 있는 온대성 기후: 우리나라와 사계가 반대인 온대 지역으로 10월부터 가을(5월)에 여행하는 것이 좋다.

전압은 230V, 240V/50Hz이며 콘센트가 맞지 않을 때는 연결 잭을 사용하면 된다. 자동차의 운전대가 우리나라 차량과 반대라 자동차 운전 시 주의가 필요하다.

2
호주 일주 여행기

1) 총괄 내용

퀸즐랜드(Queensland)주에 있는 브리즈번(Brisbane)에서 여행을 시작한다. 퀸즐랜드의 해양 역사와 각종 선박, 해양 문화가 보존되어 있는 퀸즐랜드 해양박물관(Queensland Maritime Museum)을 방문하고 마운트 쿠사 전망대(Brisbane Lookout, Mt Coot-tha)에 올라 브리즈번 시내의 모습을 감상한다.

골드 코스트(Gold Coast)로 이동하여 77층의 스카이 포인트 전망대(Sky Point Observation Deck)에 올라 도시 스카이라인과 황금빛 해변 등을 감상하고, 서퍼스 파라다이스 리버 크루즈(Surfers Paradise River Cruises)를 타고 아름다운 골드 코스트의 마리나 미라지와 브로드 워터(Marina Mirage & Broadwater)의 강을 따라 이어져 있는 아름다운 주변 경치를 관광한다.

뉴캐슬 시빅 공원(Newcastle Civic Park)에 있는 전쟁 기념비를 둘러보며 제1차 세계대전, 제2차 세계대전과 한국전쟁에서 희생된 군인들을 기억하며 고인들의 넋을 기린다.

세계에서 두 번째로 긴 싱글 아치형 다리인 하버 브리지(Harbour Bridge)를 통과하여 샌프란시스코, 리우데자네이루와 함께 세계 3대 미항의 하나인 시드니로 접어든다.

호주에서 가장 오래된 천문대인 시드니 천문대(Sydney Observatory), 호주의 상징으로 전 세계적으로 손꼽히는 아름다운 건축물 오페라하우스(Sydney Opera House)를 둘러보고, 오페라하우스와 시드니항과 하버 브리지 사이의 넓은 바다 주변을 유람하는 시드니 쇼보트 디너 크루즈(Sydney Showboat Dinner Cruise)에 탑승하여 시드니항 주변의 아름다운 경치를 감상한다.

하이드 공원(Hyde Park) 남쪽 구역에 있는 호주 전몰자들의 넋을 기리는 안작 메모리얼에서 제1차 세계대전에서 희생된 전몰자들과 한국전쟁에 관한 자료들을 보며 우리나라의 오늘이 있기까지 도와준 우방들의 희생에 감사하게 된다.

빅 버스(Big Bus) 투어에 참가하여 본다이 비치(Bondi Beach) 코스와 시내 코스 투어를 하여 시드니 시내의 모습을 두루 둘러보고, 시드니 타워(Sydney Tower Eye)에 올라 멀리 한없이 펼쳐지는 태평양의 푸른 물결과 시드니 시내의 모습을 감상한다.

영화 〈빠삐용〉에서 주인공이 몸을 던졌던 마지막 촬영지 갭 공원(Gap Park)의 The Gap Lookout에서 100m 높이의 단애 절벽에 거센 파도가 부서져 하얀 거품을 일으키는 모습과 멀리 그림같이 아름답게 펼쳐지는 시드니를 감상한다.

카툼바의 에코 포인트(Echo Point)의 블루 마운틴을 대표하는 세 자매 바위와 그 좌우로 파노라마처럼 펼쳐지는 웅장한 산의 자태를 감상하고, 시닉 월드(Scenic World)의 시닉 레일웨이, 시닉 스카이웨이(Scenic Skyway), 시닉 케이블웨이(Scenic Cableway)를 탑승하고 빽빽하게 우거진 아름다운 원시림의 물결을 감상한다.

캐피털 테리토리(Australian Capital Territory) 특별주에 있는 호주의 수도 캔버라로 이동하여 호주군이 참여했던 세계의 모든 전쟁에 대한 기록을 연도별로 구별하여 전시하고 있는 전쟁기념관과 안작 퍼레이드(Australian War Memorial & Anzac Parade)를 관광하고 세계 최대의 높이를 자랑하는 81m의 국기 게양대와 커다란 의사당 건물이 넓게 자리 잡고 있는 호주의 심장부 국회의사당(Parliament House)을 방문한다.

호주 제2의 도시이자 호주의 문화와 교육의 중심지로 "남반구의 런던"이라고 불리는 멜버른(Melbourne)의 빅토리안 아트 센터(Victorian Arts Centre, Arts Centre Melbourne)에서 이집트 작품과 다양한 종류의 그림, 도자기 종류 등 전시물을 관람하며 호주의 다양한 문화를 느껴 본다.

멜버른 수족관(Melbourne Aquarium)과 멜버른에 있는 성당 중 제일 아름다운 19세기 고딕 양식의 성공회 세인트 폴 대성당(St. Paul's Cathedral)을 둘러보고, 88층의 전망대 유레카 스카이덱(Eureka Skydeck)에 올라 아름다운 멜버른 시내의 모습을 감상한다.

지구상에서 4번째로 높은 관람차 멜버른 스타(Melbourne Star)에 탑승하여 아름다운 멜버른의 시내를 감상하고, 세계에서 세 번째로 오래된 동물원인 멜버른 동물원(Melbourne Zoo)을 관람한다.

Spirit of Tasmania 여객선을 타고 태즈메이니아주의 데번포트로 이동한다.

개척 시대의 마을 모습을 재현해 놓은 민속촌 페니 로열 월드(Penny Royal World)를 둘러보고, 와인글라스 베이(Wineglass Bay)의 와인글라스 베이 전망대(Wineglass Bay Lookout)에서 시원하게 내려다보이는 와인글라스 비치(Wineglass Beach)의 아름다움을 감상한다.

태즈메이니안 데블 파크(Tasmanian Devil Park)에서 태즈메이니아에만 사는 야생동물 태즈메이니안 데블을 만나 보고, 6천 종이 넘는 식물들을 보유하고 있는 호바트의 로열 태즈만 보타니컬 가든(Royal Tasman Botanical Gardens)을 둘러본다.

호바트의 퀸즈 도메인(Queen's Domain)을 산책하고, 1835~1836년에 항구를 따라 형성된 창고 촌 살라망카 플레이스(Salamanca Place) 주변을 관광한다.

1804년 호바트에서 최초로 형성된 주거지역 배터리 포인트(Battery Point)를 둘러보고, 1909년 Hollywood Actor인 Errol Flynn이 태어난 샌디 베이(Sandy Bay)를 둘러본다.

태즈메이니아주에 있는, 하늘 높이 솟은 크레이들 마운틴(Mt. Cradle, 해발 1,545m)의 아름다운 모습을 산과 산 사이에 있는 도브 호수(Lake Dove)에서 감상한다.

태즈메이니아주의 데번포트에서 Spirit of Tasmania 여객선을 타고 빅토리아주의 Spirit of Tasmania 여객선 터미널로 이동하여 빅토리아 제3의 도시 밸러랫의 소버린 힐(Sovereign Hill)을 둘러본다.

숲과 야생화, 우뚝 솟은 기암괴석, 구름 덮인 웅장한 산, 아름다운 호수와 폭포 등이 어우러져 아름다운 자태를 보여 주는 그램피언스 국립공원(The Grampians NP)을 둘러본 후 보로카 전망대(Boroka Lookout)에서 원시림으로 우거진 대자연의 웅장함을 가슴으로 느끼고, 언덕 아래 계곡에서 떨어지는 거대한 맥켄지 폭포(MacKenzie Falls)를 감상한다.

트웰브 아포슬 마린 국립공원(Twelve Apostles Marine National

Park)에 있는 12사도 바위(Twelve Apodtles)와 해변의 아름다움을 감상하고, 킹스톤(Kingston)의 랍스터(The Big Lobster) 동상을 둘러본다.

사우스오스트레일리아주의 캥거루 아일랜드로 이동하여 프로스펙트 힐(Prospect Hill), 세계 최대의 바다표범 서식지 실 베이(Seal Bay Conservation Park), 하얀 모래와 부서지는 파도가 어울리는 조용한 해변 스톡스 베이(Stockes Bay)를 둘러본다.

애들레이드의 로프티 전망대(Mt. Lofty Lookout)에서 아름다운 시내의 모습을 감상하고, 독일인 마을 한도르프(Hahndorf)를 방문한다. 애들레이드 시티 센터의 가장 중심에 있는 빅토리아 광장(Victoria Square), 보행자 전용도로 애들레이드의 명동이라 할 수 있는 런들 몰을 둘러본다.

애버리지널 아트를 비롯해 유럽, 아시아 등 전 세계의 명화와 도자기 등이 전시되어 있는 아트 갤러리 오브 사우스오스트레일리아(Art Gallery of South Australia), 실물 크기의 동물 박제와 애버리진의 생활과 문화, 전통에 관한 작품을 전시하고 있는 남호주 박물관(South Australian Museum), 애들레이드 지역에 처음 정착했던 이주민들에 대한 자료를 전시하고 있는 남호주 이주민 박물관(South Australian Migration Museum), 제1, 2차 세계대전에 희생된 사람들을 추모하는 전쟁 추모 기념비와 Anzac Centenary Memorial Walk 등 다양한 문화가 모두 모여 있는 애들레이드를 관광한다.

1889년 이후 지금까지 오팔 채굴이 계속되고 있는 조그만 도시이자 영화 〈매드 맥스(Mad Max)〉의 배경지이기도 한 쿠버 피디(Coober Pedy)로 이동하여 세계 유일의 지하 주택과 오팔 광산, 애버리진과 사막의 예술 등 뜨겁고 거칠고 황량한 지역의 매력을 느껴 본다.

 사우스오스트레일리아주 제5의 도시로 스펜서만(Spencer Gulf)에어 반도의 동쪽 연안에 있는 화이앨라(Whyalla)로 이동하여 험크 힐 전망대(Hummock Hill Lookout)에서 시원한 바다의 전망을 감상한다.

 그러나 코로나19가 발생하여 여행을 중단하게 되었다. 관광을 중단하고 귀국하기 위하여 귀국 항공편을 구하는 데 11일이 소요되는 어려움을 겪었다.

 이렇게 57일간 9,849.8km를 달리며 호주 대륙의 자연을 가슴 깊이 느껴 보게 되는 아름다운 여행길이다.

2) 일자별 여행기

※ 이동 경로에 표시된 "km"는 다음 목적지까지의 거리를 표시한 것임

DAY 01 | **서울** Seoul
2020. 2. 10. 월

오후 2시, 집에서 출발하여 삼성동 도심공항터미널에서 짐을 부치고 나니 홀가분하다. 이제 호주 대륙 일주 여행이 시작된 것이다. 넓은 호주 대륙을 일주하게 된다는 생각으로 가슴이 벅차다.

인천국제공항 제2터미널에 도착하였다. 터미널 안으로 들어가니 실내 화단에 만들어 놓은 동물 미니어처가 두 눈을 부릅뜨고 나를 바라본다.

하늘은 미세먼지로 잿빛이고 코로나19 때문에 모두 마스크를 쓰고 다닌다. 그 영향으로 해외여행을 하는 승객들도 줄어 공항이 한가한 모습이다.

오후 7시 45분 비행기가 공항을 이륙한다. 비행기의 좌석은 반도 더 비었다. 어두워지는 공항을 이륙한 비행기는 힘차게 하늘로 솟아오른다. 도심의 모습이 점차 멀어져 간다.

DAY 02 | 브리즈번 Brisbane
2020. 2. 11. 화

🚗 이동 경로

브리즈번 공항(16.0km) ➡ 안작 스퀘어(1.4km) ➡ 퀸 스트리트 몰(0.7km) ➡ 브리즈번 시티 보타닉 가든(4.3km) ➡ Belise Apartments

계 22.4km

여행기

새벽 5시가 넘어가니 어둠이 서서히 걷히며 호주 퀸즐랜드(Queensland)의 브리즈번 공항(Brisbane airport)에 가까워졌다.

퀸즐랜드(Queensland)주는 1860~1890년 유럽인들이 처음 정착했으며, 1890년 이후 유럽 노동자들에 의해 개발되었다. 퀸즐랜드는 오스트레일리아에서 유일하게 단원제 국회를 가진 주로서 1922년 투표로 상원제를 폐지하였다.

퀸즐랜드 주도인 **브리즈번**(Brisbane)은 호주에서 세 번째로 큰 도시이며 퀸즐랜드의 행정수도이다. 일 년 내내 꽃이 피고 덥지 않은 여름과 춥지 않은 겨울을 가진 도시로 호주 사람들이 가장 살고 싶어 하는 도시다. 브리즈번에는 퀸즐랜드 심포니 오케스트라가 있으며 아마추어 극장이 많기로도 유명하다.

비행기 날개 사이로 브리즈번 시내의 모습이 그림같이 내려다보였다. 브리즈번 공항이 아침 햇살을 받아 밝게 빛났다. 비가 온다는 예보가 있어 걱정했는데 날씨가 맑아져서 기분이 상쾌하다.

공항에 내리니 날씨가 좀 덥다. 서울은 겨울 날씨라 인천국제공항에서 출발할 때는 두꺼운 옷을 입고 출발하여 브리즈번 공항의 날씨가 더욱 덥게 느껴지는 것이다.

서울에서 출발하기 전에는 대형 산불로 호주 여행을 할 수 있을까 걱정을 많이 했는데, 막상 호주에 와 보니 산불이 났는지조차 느끼지 못할 정도로 모두가 활기찬 모습이다. 공기도 아주 맑고 마스크를 쓴 사람이 없어 서울의 모습과 크게 대조된다.

공항을 나와 렌터카를 인수하였다. 호주는 자동차의 운전석이 오른쪽에 있어서 운전하는 데 신경이 많이 쓰인다.

가장 먼저 브리즈번 시내로 들어가 안작 스퀘어(Anzac Square)를 둘러보았다. 1930년 제1차 세계대전 중 전사한 호주 군인들을 기념하기 위하여 세운 전쟁 기념물이다. 여러 기둥으로 둘러싸인 가운데에 전사자를 기념하는 영원히 꺼지지 않는 불꽃이 타고 있었다.

안작 스퀘어

전쟁 기념 조형물 아래에는 기념관을 만들어 제1차 세계대전, 제2차 세계대전과 한국전쟁에 관한 자료를 전시하고 있고, 조그만 정원 둘레에는 전쟁 기념 조형물이 세워져 있다.

한국전쟁 자료

안작 스퀘어를 돌아보고 부근에 있는 퀸 스트리트 몰(Queen Street Mall)을 둘러보았다. 600개가 넘는 상점과 45개의 카페, 레스토랑, 2개의 영화관, 카지노, 11개의 쇼핑몰을 거느린 브리즈번의 심장부이다. 몰의 중앙에는 노천카페가 길게 이어져 있고 많은 사람들로 넘쳐 났다.

퀸 스트리트 몰의 정면에는 타운 홀(Town Hall)이 있다. 우뚝 솟은 웅장한 대리석 건물에 시계탑이 있어 더욱 유명한 타운 홀 앞에는 넓고 자유로운 광장이 펼쳐져 있었다.

타운 홀의 입구를 지나면 넓은 홀이 나오고, 홀의 좌우에 규모는 작지만 다양한 기획전시와 실험적인 전시가 이루어지는 미술관과 박물관

타운 홀

이 있다. 미술관 입구에 있는 엘리베이터를 타고 3층으로 올라가면 다시 시계탑 전망대용 엘리베이터가 있다. 이 엘리베이터를 타면 높이 92m의 시계탑 전망대에서 브리즈번 시내의 경치를 감상할 수 있다.

　브리즈번 시티 보타닉 가든(Brisbane City Botanic Gardens)을 산책하였다.

　브리즈번강을 따라 산책로가 만들어져 있으며 시원한 분수가 보이고 커다란 나무들이 우거진 숲속에 많은 새들이 지저귄다. 빗방울이 조금씩 휘날린다.

브리즈번 시티 보타닉 가든

보타닉 가든의 동쪽 출입구에서는 웅장한 석조 건물로 지어진 퀸즐랜드주 의회 별관(Parliamentary Annexe)이 보인다. 의회는 회의가 열리지 않는 시간에 무료 가이드 투어로 돌아볼 수 있다.

호주 대륙 일주의 첫날 밤, Belise Apartments에 숙소를 정하였다. 커다란 두 채의 건물로 지어진 아파트는 깨끗하고 조용하다. 창밖으로 시내의 불빛이 아련하게 내려다보인다.

DAY 03 | 브리즈번 Brisbane
2020. 2. 12. 수

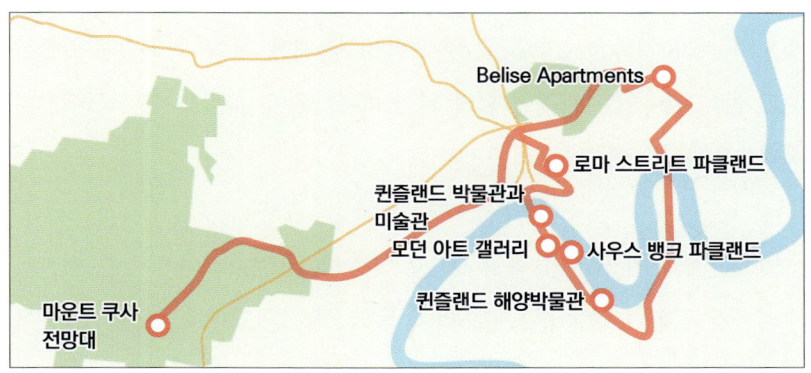

 이동 경로

Belise Apartments(5.5km) ➡ 퀸즐랜드 해양박물관(1.5km) ➡ 사우스 뱅크 파클랜드(1.2km) ➡ 퀸즐랜드 박물관과 미술관(0.6km) ➡ 모던 아트 갤러리(1.9km) ➡ 로마 스트리트 파클랜드(8.9km) ➡ 마운트 쿠사 전망대(10.7km) ➡ Belise Apartments

계 30.3km

 여행기

아침에 일어나니 비가 내리고 있었다. 창밖으로 출근길 차량들의 행렬이 길게 이어졌다. 아침 식사를 하고 나니 비가 그치고 햇살이 영롱하게 창에 비쳤다.

숙소를 출발하여 해양박물관으로 향하였는데, 차량들이 많이 정체된다.

퀸즐랜드 해양박물관(Queensland Maritime Museum)은 1881년 문을 열었는데 퀸즐랜드의 해양 역사와 각종 선박, 해양 문화가 보존되어 있으며 드라이 독(Dry Docks)을 그대로 유지한 채 건축되었다. 박물관으로 들어가는 입구에 꽃이 활짝 피어 아름다웠다. 꽃길을 따라 들어가니 웅장한 박물관 건물이 우리를 맞이해 준다.

박물관 한편에 드라이 독의 모습이 한눈에 내려다보인다. 각종 선박을 수리하기 위하여 만들었다는 드라이 독의 형태를 그대로 볼 수 있어 무척 실감이 난다.

드라이 독

부근에 있는 사우스 뱅크 파클랜드(South Bank Parklands)를 둘러보았다. 공원과 산책로, 페리 터미널, 인공 해변, 공연장이 어우러진 문화 시설과 휴양 시설이다. 주변에 잘 자란 나무들이 우거져 시원하게 느껴진다.

사우스 뱅크 파클랜드

하얀 모래를 깔아 인공으로 만들어진 스트리트 비치에서 몇 사람이 해수욕을 하고 있다. 한 무리의 학생들이 몰려와서 해변을 배경으로 기념 촬영을 한다.

퀸즐랜드 박물관(Queensland Museum)을 관람하였다. 퀸즐랜드주의 자연환경과 생태까지 한자리에 모아 놓은 호주 최대의 박물관이다. 다양한 짐승의 머리뼈와 뱀, 나비, 해조류, 새들의 박제가 종류별로 잘 정리되어 있다.

박제

박물관 옆에 퀸즐랜드 미술관(Queensland Art Gallery)이 있다. 이 미술관에는 현재 활동하고 있는 호주의 유명 작가들과 오스트레일리아 원주민(Indigenous Australians)인 애버리진(Aborigine)의 대표적인 작품을 전시하고 있다.

무척 정교하고 아름다운 항아리들이 많이 전시되어 있는데 모두 나무로 만든 작품이다.

전시된 항아리

미술관 뒤편으로는 모던 아트 갤러리(GOMA 미술관)와 주립도서관(Gallery of Modern Art & State Library of Queensland)이 이

모던 아트 갤러리

주립도서관

어져 있다. 2006년 12월에 오픈한 두 건물은 웅장하고 아름답다.

　모던 아트 갤러리 영상관에서는 한국 도심의 건물에 광고판이 만들어지는 과정을 연속해서 보여 주고 있다. 한국에 온 것처럼 아주 실감 나게 느껴진다.

　이곳은 강가에 위치하고 있어 작품 감상이 아니라도 한 번쯤 둘러볼 만큼 아름다운 곳으로 비가 내리고 있는데도 관람객이 무척 많다.

　로마 스트리트 파클랜드(Roma Street Parkland)를 산책하였다. 언덕에 자리한 대규모 야외 식물원으로 높게 솟아오르는 분수를 바라보며 식물원 안으로 들어가니 다양한 나무와 꽃으로 잘 가꾸어 놓아 무척 화려하다.

　식물원 안에는 여러 개의 호수와 다양한 수종의 관목 숲이 있고 보틀 트리 등 희귀한 아열대 식물들이 꽃을 피우고 있다.

로마 스트리트 파클랜드

　무료입장으로 관람하는 사람들도 많지 않아 한가롭게 식물원 안을 산책할 수 있다. 자연 속에서 살아가고 있는 새와 커다란 도마뱀 같은 동물들이 여기저기서 우리를 반긴다.

　마운트 쿠사 전망대(Brisbane Lookout, Mt Coot-tha)에 올라갔다. 해발 270m의 나지막한 야산으로 전망대에 오르면 굽이치는 브리즈번강과 시내를 한눈에 내려다볼 수 있는 곳으로 마치 비행기를 타고 공중에서 시가지를 내려다보는 것과 같다.

비가 내려 시내의 모습이 흐릿하게 보이나 넓게 펼쳐진 브리즈번 시내의 모습을 한눈에 볼 수 있어 그런대로 의미가 있다.

마운트 쿠사 전망대

전망대

DAY 04 | 골드 코스트 Gold Coast
2020. 2. 13. 목

🚗 이동 경로

Belise Apartments(15.6km) ➡ 론파인 코알라 보호구역(65.6km) ➡ 드림 월드(11.2km) ➡ 라마다 호텔 호프 하버

계 92.4km

📓 여행기

아침에 일어나니 오늘도 비가 온다. 어제와 같은 모습의 출근 차량 행렬을 아파트 창가에서 내려다보니 여기 사람들은 비가 오는 것에 익숙해진 것처럼 차분하게 느껴진다.

숙소를 출발하여 론파인 코알라 보호구역(Lone Pine Koala)을 방문하였다. 세계 10대 동물원 중 하나로 130마리의 코알라가 살고 있는 호주 최대의 코알라 보호구역이다.

나무가 울창하게 우거진 입구를 지나 동물원 안으로 들어가니 코알라의 모습이 보이기 시작한다. 나무 위에서 잠을 자고 있는 코알라의 모습이 무척 귀엽다.

코알라

넓게 만들어진 야생동물 체험 공간에는 에뮤, 캥거루 같은 호주의 야생동물이 사람의 손바닥 위에 있는 먹이를 먹기 위해 다가온다.

에뮤　　　　　　　　　　　　　　　　　　　　　캥거루

관광객들은 한가롭게 휴식을 취하고 있는 캥거루들을 쓰다듬기도 하고 캥거루에게 먹이도 준다. 자연 속에서 자유롭게 살아가는 동물들의 생활이 그대로 느껴진다.

한국어 안내판도 보이고, 악어 우리에서는 악어 한 마리가 따뜻한 햇볕에 몸을 말리고 있다.

악어

코알라 보호구역을 둘러보고 66km 정도 떨어져 있는 드림 월드(Dream World)로 향하였다. 도로에는 차량들이 무척 많다.

비가 조금씩 내리기 시작하더니 갑자기 폭우로 변했다. 앞이 보이지 않을 정도로 장대비가 무섭게 쏟아져 내렸고 차량들이 모두 서행했다. 폭우에 토사가 무너져 내리고 이곳저곳에 나무가 쓰러져 있는 광경도 보였다. 모두 순식간의 일이다.

한 시간 정도 무섭게 쏟아지던 비는 드림 월드(Dream World)에 도착하니 그쳤다. 주차장에 차를 주차시키는데 관리인이 다가오더니 오늘은 비가 너무 많이 와서 공원을 운영하지 않는다고 한다.

드림 월드

드림 월드는 놀이공원으로, 시속 85km로 달리는 롤러코스터 "사이클론"과 120m 높이의 타워에서 순식간에 떨어지는 "자이로드롭" 등 놀거리가 많은 곳이다. 거대한 놀이시설들이 눈에 보이는데 모두 그대로 정지해 있다. 관광객들이 없어 넓은 공원이 한가한 모습이다.

호프 아일랜드(Hope Island)에 있는 Ramada by Wyndham Hope Harbour에 숙박하였다. 커다란 리조트 단지 안에 있는 호텔인데 사람들이 보이지 않아 한적하다. 비에 젖은 조그만 항구에는 보트들이 나란히 정박해 있다.

DAY 05 | 골드 코스트 Gold Coast
2020. 2. 14. 금

🚗 이동 경로

라마다 호텔 호프 하버(9.1km) ➡ 워너 브러더스 무비 월드(19.3km) ➡ 골드 코스트의 시 월드(5.7km) ➡ 스카이 포인트 전망대(3.0km) ➡ Chevron Sails

계 37.1km

📖 여행기

아침에 일어나니 햇살이 반짝 비치는 청명한 날씨다. 호주에 온 지 처음으로 보는 맑은 날씨다. 공기가 너무 맑아 기분이 상쾌하다.

숙소를 출발하여 20여 분 거리에 있는 워너 브러더스 무비 월드(Warner Bros. Movie World)에 도착하였다. 이곳은 놀이공원으로 한국 사람들에게 가장 인기 있는 곳이라고 한다.

무비 월드 안에는 여러 가지 시설이 얼기설기 거창하게 설치되어 있다. 보기만 해도 주변을 압도할 만한 거대한 시설이다. 넓은 주차장에 차량들이 하나둘 들어와 주차장을 메웠다.

티켓 카운터를 지나니 개선문처럼 생긴 그랜드 아치와 분수대가 나왔다.

워너 브라더스 무비 월드

분수대

또 무척 길고 높게 만들어진 배트모빌이 위용을 자랑하고 광장에서는 무희들이 나와서 힘껏 흥을 돋웠다. 영화에 나오는 캐릭터 복장을 한 사람들이 나와서 어린이들과 기념 촬영을 하기도 한다.

배트모빌

어린이들과 어른들이 탈 수 있는 놀이시설이 다양하고 사람들도 그렇게 많지 않아 한가롭게 놀이시설을 즐기기에 아주 편안하다.

미니 기차를 타고 유령이 나오는 관문을 통과하는 놀이기구와 워터 슬라이드 등 시설도 무척 다양하다.

워너 브러더스 무비 월드 부근에 웨트 & 와일드 워터 월드(Wet & Wild Water World)가 있다. 이곳은 수영을 하거나 슬라이드를 타는 등 가족 단위의 물놀이 공원이다. 거대한 파도가 이는 자이언트 웨이브 풀과 86m나 되는 급경사 미끄럼틀이 그 위용을 자랑한다. 무척 많은 사람들이 물놀이를 즐기고 있다.

놀이시설

웨트 와일드 워터 월드

점심 식사를 하고 골드 코스트로 향하였다. 골드 코스트(Gold Coast)는 43km에 이르는 황금빛 해변에 하얀 파도가 일렁이고 반대편에는 고층 빌딩이 가로수처럼 늘어서 있는 지상 최고의 파라다이스이다.

골드 코스트(Gold Coast)의 시 월드(Sea World)를 둘러보았다. 골드 코스트에 있는 놀이공원 중에서 가장 시설이 잘되어 있는 곳이라고 한다.

시 월드

입구로 들어가면 조그만 호수가 나오고 호수 앞에 스탠드가 만들어져 있어 하루 두 차례 박진감 넘치는 수상 스키 쇼를 볼 수 있다. 공원이 무척 넓어 공원 내부는 리프트를 타고 이동해야 한다.

다음으로는 스카이 포인트 전망대에 올라갔다. 스카이 포인트 전망대(Sky Point Observation Deck)는 세계에서 가장 높은 주거용 타워 중 하나인 상징적인 Q1 빌딩 위에 자리 잡고 있는 전망대이다.

스카이 포인트 전망대

2002년 6월 28일부터 공사에 착수하여 2005년 10월 26일에 건설되었고 첨탑은 97.7m로 세계에서 가장 길며 200km 거리에서 볼 수 있는 강력한 아크 조명이 첨탑을 비추고 있다. Q1 빌딩은 높이 322.5m 이며 해발 230m에 위치한 77층의 스카이 포인트까지 엘리베이터는 42.7초가 걸린다.

77층 전망대에서는 도시 스카이라인과 황금빛 해변, 골드 코스트(Gold Coast) 주변 등 360도가 시원하게 내려다보여 환상적이다.

해변

DAY 06 | 골드 코스트 Gold Coast
2020. 2. 15. 토

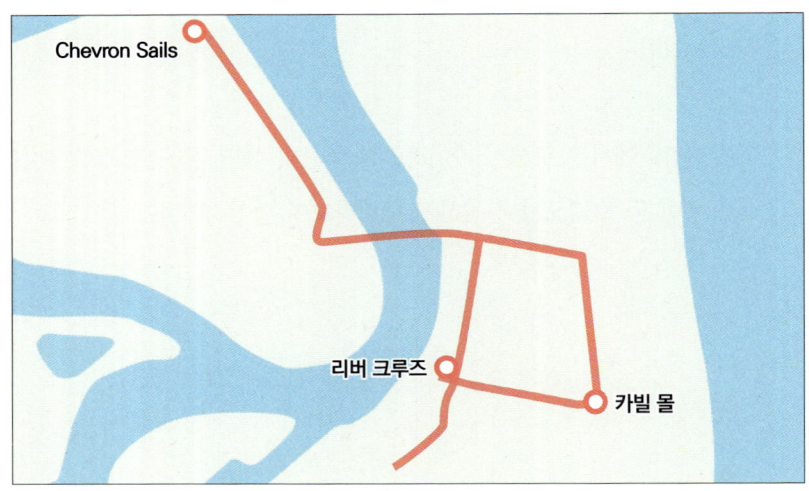

 이동 경로

Chevron Sails(1.8km) ➡ 리버 크루즈(0.5km) ➡ 카빌 몰(1.5km) ➡ Chevron Sails

계 3.8km

 여행기

　오전에 서퍼스 파라다이스 리버 크루즈(Surfers Paradise River Cruises)를 탔다. 아름다운 골드 코스트의 마리나 미라지와 브로드 워터(Marina Mirage & Broadwater)의 강을 따라 이어져 있는 아름다운 주변 경치를 관광하는 것이다.

크루즈선을 타기 위하여 선착장으로 들어간다. 입구에 세워져 있는 사람 형상의 커다란 조형물이 인상 깊다. 크루즈선은 2층으로 된 배로 관광객 50여 명이 탑승했다.

강가에는 곱게 단장한 고급 주택들이 이어져 있다. 집집마다 요트를 정박할 수 있는 공간이 만들어져 있는 고급 주택들이다.

저택

고래를 관찰하러 떠나는 관광선의 모습도 보인다.

고래 관광선

 크루즈 관광은 한 시간 반이 소요되는데 커다란 호화 요트가 정박해 있는 부두와 조그만 항구도 지나고 고층 빌딩 주변을 한 바퀴 돌아 시내의 모습을 그대로 볼 수 있다. 시원한 강바람을 맞으며 즐거운 시간이었다.

시내 모습

오후에는 카빌 몰(Cabill Mall)을 산책하였다. 이곳은 골드 코스트의 핵심으로 서쪽으로 가면 골드 코스트 하이웨이가 연결되며 동쪽에는 푸른 파도가 일렁이는 메인 비치다. 바닷길 에스플러네이드에 세워진 "서퍼스 파라다이스(Surfers Paradise)"라는 조형물부터 길게 이어지는 500m의 보행자 전용 거리다.

카빌 몰의 중간에서 직각으로 연결되는 오키드 애버뉴(Orchid Avenue)는 고급 부티크와 레스토랑, 극장, 나이트클럽 등이 밀집되어 많은 관광객들로 넘쳐 난다.

카빌 몰

"서퍼스 파라다이스(Surfers Paradise)"라는 입간판의 바로 앞으로 펼쳐지는 메인 비치에 도착했다. 입구에 세워져 있는 모래로 만든 조형물이 인상 깊다.

조형물

햇살이 뜨겁게 내리쬐는 서퍼스 파라다이스 해변에는 많은 사람들이 일광욕을 즐기고 있다.

파도가 거세게 밀려온다. 파도타기를 즐기는 사람들의 환성이 파도 속에 묻혀 버린다.

서퍼스 파라다이스 해변

DAY 07 | **뉴사우스웨일스** New South Wales **의 콥스 하버** Coffs Harbour
2020. 2. 16. 일

🚗 **이동 경로**

Chevron Sails(25.1km) ➡ 커럼빈 와일드라이프 보호구역(73.0km) ➡ 바이런 해변(2.9km) ➡ 바이런곶 등대(231.0km) ➡ Country Comfort Coffs Harbour

계 332.0km

59

📔 여행기

골드 코스트의 쉐브론 세일스에서 출발하여 커럼빈 와일드라이프 보호구역(Currumbin Wildlife Sanctuary)에 도착하였다. 27ha 넓이의 공원에 캥거루, 코알라, 악어, 에뮤 등의 야생동물과 1,400마리의 조류가 자유롭게 어우러져 있는 곳이다. 아침 시간이라 관광객들이 적어 한가한 모습이다.

커럼빈 와일드라이프 보호구역

커럼빈 와일드라이프 보호구역을 출발하여 뉴사우스웨일스의 바이런 비치로 이동한다. 73km 정도 이동하게 된다. 이제 뉴사우스웨일스(New South Wales)주로 접어드는 것이다.

뉴사우스웨일스(New South Wales)주는 1770년 영국의 탐험가 제임스 쿡 선장이 오스트레일리아를 영국령으로 선포할 당시 그 동쪽 해안 전체를 가리키는 뜻으로 쓰였다. 그러나 태즈메이니아·사우스오스트레일리아빅토리아퀸즐랜드(모두 19세기에 주가 되었음), 오스트레일리아 수도준주(首都準州)가 떨어져 나감에 따라 현재의 지역으로 줄어들었다.

평야 지대에는 100년 이상 이 주의 경제적 초석이 되어 온 양을 키우는 대형 목장이 많아 오스트레일리아 전체에서 생산되는 양모의 약 40%를 생산하고 있으며, 오스트레일리아 전체 목재 생산량의 약 1/3을 생산한다고 한다.

바이런 비치(Byron Beach)에 도착하였다. 여기는 퀸즐랜드주와 1시간의 시차로 한 시간이 빨라져, 서울과는 2시간의 시차가 된다.

해변 입구에는 수많은 서핑 클럽들의 모습이 보인다. 서핑의 메카다. 해변에는 부드러운 모래가 길게 펼쳐지고 해안에는 잔잔한 파도가 끊임없이 몰려온다.

주말이라 해수욕을 하는 사람들이 무척 많다. 뜨거운 햇살이 몸을 녹일 듯 따갑게 내리쬔다. 해변가를 한가로이 걸었다.

바이런 비치

다음으로 바이런곶 등대(Cape Byron Lighthouse)를 관광하였다. 이 등대는 1901년에 세워졌으며 호주 동쪽 끝에 자리한 남반구에서 가장 밝은 빛을 내고 있는 호주에서 가장 큰 등대이다.

바이런곶 등대

등대 투어에 참가해야 등대 내부를 관광할 수 있다. 등대 안으로 들어가자 1층 공간에 조그만 등대 박물관이 있고 여기에 등대의 역사에 관한 자료와 장비 등이 전시되어 있다.

등대 안으로 이어진 계단을 올라가니 360°로 주변 경관이 시원하게 내려다보인다. 등대 주변으로 광활한 남태평양이 황홀하게 펼쳐지고 길게 밀려온 파도가 바위에 부서져 하얀 포말을 이룬다.

주변 경관

등대에서 해변에 이르는 300m의 계단을 내려가면 "호주의 동쪽 끝"이라는 기념표지판이 있었다는데 지금은 없어지고 바닥에 동쪽을 나타내는 "E" 자 한 글자만 남아있다. 계단을 따라 400m를 더 내려가니 왼쪽에 Wategos Beach가 나오는데 파도 타는 사람들의 정겨운 모습이 그림처럼 펼쳐진다.

바이런곶 등대를 돌아보고 콥스 하버로 이동하였다. 콥스 하버(Coffs Harbour)는 세계자연유산으로 선정된 작은 해안 도시로 호주의 바나나 최대 산지이다.

오늘의 숙소로 예약되어 있는 Country Comfort Coffs Harbour까지 231km를 이동하는데, 도로공사 중이라 서행을 하게 되어 3시간이 넘게 소요되었다. 청명하였던 날씨가 변하여 이슬비가 조금씩 내린다.

파도타기

DAY 08 | 콥스 하버 Coffs Harbour, 포트 맥콰리 Port Macquarie

2020. 2. 17. 월

🚗 이동 경로

Country Comfort Coffs Harbour(0.3km) ➡ 빅 바나나 농장(5.2km)
➡ 보타닉 가든(2.9km) ➡ 제티 비치(159.0km) ➡ 코알라 병원(5.4km)
➡ 시 에이커스 레인포레스트 센터(3.4km) ➡ Flynns Beach Caravan Park

계 176.2km

📔 여행기

숙소를 출발하여 바로 옆에 위치하고 있는 빅 바나나 농장(The Big Banana Fun Park)을 구경하였다. 지금 한창 꽃을 피우고 바나나가 매달리고 있는 시기라 나무마다 무척 탐스러운 바나나들이 주렁주렁 열려있다.

빅 바나나 농장

이곳은 미니 골프장, 어린이 놀이시설과 물놀이 시설이 같이 있어 어린이들도 많이 찾는 곳이다.

바나나 관광농장을 구경하고 보타닉 가든(Botanic Gardens)을 산책하였다. 도심 한가운데에서 열대림과 아름다운 새 소리를 감상할 수 있는 곳이다.

도시를 휘감고 흐르는 콥스강을 따라 이어져 있는 콥스 크릭 워크(Coffs Creek Walk)를 걸었다. 아침 공기가 상쾌하다. 열대식물을 모아 놓은 글라스 하우스에는 넓은 잔디밭이 만들어져 있고 그 둘레로 여러 가지의 열대식물들이 싱싱한 모습으로 자라고 있다.

콥스 크릭 워크

시티 동쪽 끝에 있는 작은 해변 제티 비치(Jetty Beach)에 들렀다. 비치 입구 바닥에는 "Coffs Harbour"라고 글씨를 크게 새겨 놓았고 바다 한가운데까지 넓게 보드워크를 만들어 놓아 바닷바람을 맞으며 산책하기에 아주 좋아 많은 사람들이 보드워크를 따라 산책을 하고 있다.

제티 비치

앞에 보이는 작은 섬, 머튼버드 아일랜드(Muttonbird Island)는 희귀새 머튼버드 12,000쌍이 사는 자연보호구역이라고 한다.

머튼버드 아일랜드

점심 식사를 하고 포트 맥쿼리(Port Macquarie)로 이동하였다. 맥쿼리는 시드니 북쪽 420km 지점에 있는 해안 도시로 도시 한가운데에 헤이스팅스강이 흐르고 있으며 양모의 수출항이다.

포트 맥쿼리까지 159km 거리의 길게 뻗은 고속도로를 따라 이동하게 되는데 도로 좌우로 잘 자란 나무들이 병풍을 쳐 놓은 듯 우거진 모습이 너무나 자연스럽다. 호주 산불로 한반도 정도의 면적이 불이 탔다고 하는데, 이곳은 화마가 지나가지 않아 자연 그대로의 삼림이 보존되어 있어 넓은 호주의 자연을 실감할 수 있다.

맥쿼리에 있는 코알라 병원을 견학하였다. 코알라 병원(Koala Hospital)은 부상당하거나 어미를 잃은 코알라 등을 보살펴 주는 동물 병원으로, 코알라 식사 시간에는 코알라를 직접 안아 볼 수 있다고 한다. 이슬비가 오고 있는데도 견학을 하러 오는 관광객들이 무척 많았다. 나무 위에서 잠을 자고 있는 코알라들이 무척 귀여웠다.

코알라

시 에이커스 레인포레스트 센터(Sea Acres Rainforest Centre)를 방문하였다. 이곳은 72ha의 열대림으로 1913년 자연보호구역으로 지정된 곳이다.

입구로 들어가니 숲속으로 보드워크가 만들어져 있다. 이 보드워크는 길이 1.3km로 호주에서 가장 긴 보드워크(Board Walk)라고 한다. 보드워크는 울창한 나무 사이로 이어져 있는데 나무의 중간쯤 되는 높이에 설치되어 있어 나무숲 속을 내려다보며 걸을 수 있어 참으로 즐거운 산책길이다.

보드워크

보드워크 중간중간에 나무로 만든 목각 작품들이 서 있다. 부엉이 문양으로 만들어 놓은 의자가 애교스럽다.

수령 100년이 넘었다고 하는 야자수에 설명서를 붙여 놓았는데 이 숲 속에는 300년이 넘는 캐비지나무(Cabbage Palm Tree)와 140만 년 전에 공룡의 주식이었다는 볼와라 나무(Bolwarra Tree)도 살고 있다고 한다.

　너무나 싱싱하게 자라고 있는 나무들을 보면서 호주의 자연이 더욱 아름다움으로 다가온다.

목각 작품

DAY 09 | 포트 스티븐스 Port Stephens, 뉴캐슬 Newcastle
2020. 2. 18. 화

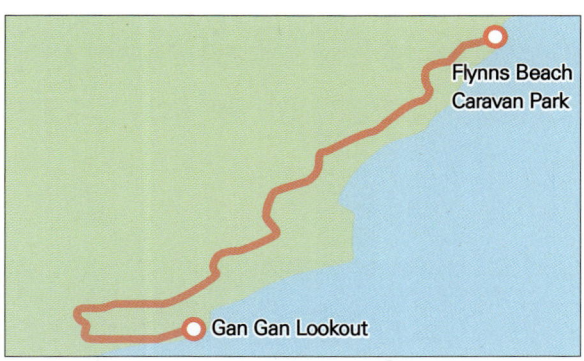

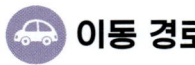 이동 경로

Flynns Beach Caravan Park(249.0km) ➡ Gan Gan Lookout(57.8km) ➡ Newcastle Civic Park(0.4km) ➡ 뉴캐슬 아트 갤러리(0.9km) ➡ 뉴캐슬 박물관(3.6km) ➡ Merewether Motel

계 311.7km

📔 이동 경로

오전 8시 반에 Melaleuca Caravan Park를 출발하였다. 청명한 날씨이나 아침부터 햇살이 무척 따갑다.

포트 스티븐스(Port Stephens)의 Gan Gan Lookout 전망대까지는 249km의 거리다. 고속도로에 접어드니 도로 좌우로 울창한 삼림이 이어진다. 마치 산속으로 도로가 나 있는 것처럼 나무 사이로 이어진 도로가 시원스럽다.

고속도로

울창한 나무 사이로 나 있는 고속도로를 한 시간 정도 달렸는데 갑자기 불에 타 버린 나무숲이 나타났다. 이번에 대형 산불로 화마가 지나간 산의 모습이다. 일부분씩 남아 있는 나뭇가지에는 푸른 잎이 제자리를 찾아 가고 있는 모습도 보인다.

불에 탄 나무

　잠깐 동안 산불의 흔적을 지나고 나니 또다시 푸른 나무숲 속으로 도로가 이어졌다. 오는 방향의 차량들이 보이지 않을 정도로 떨어져서 만들어진 고속도로가 운전하기에 아주 편안하다. 과속하는 차량도 보이지 않고 지정 속도로만 오가고 있는 차량들의 여유 있는 모습이 이어졌다.

　Gan Gan Lookout에 올라갔다. 전망대 입구에 각국 도시까지의 거리를 적어 놓은 이정표가 세워져 있다. 서울까지 8,239km라고 적혀 있다.

　전망대 한가운데에 커다란 망원경을 배치해 놓아 주변의 경치를 감상할 수 있도록 해 놓았다. 그리고 둘레에는 그 방향에 있는 도시나 강을 표시한 그림이 붙어 있다.

망원경

73

바다가 시원하게 내려다보이고 주택가의 모습이 한눈에 보인다. 주택이 모여 있는 조그만 마을 외에는 넓은 벌판이 모두 나무로 우거진 삼림이다. 호주에 얼마나 많은 나무들이 자라고 있는지 짐작할 수 없을 정도다.

주택가

우거진 삼림

Gan Gan Lookout을 둘러보고 뉴캐슬(Newcastle)로 이동하였다. 뉴캐슬은 호주에서 여섯 번째로 큰 도시로 시드니에서 북쪽으로 167km 떨어진 헌터강 하구에 자리 잡고 있다.

　Newcastle Civic Park를 산책하였다. 공원 앞에 제1차 세계대전, 제2차 세계대전과 한국전쟁에서 희생된 군인들을 기리는 전쟁기념비가 세워져 있고 전쟁기념비 앞에는 꺼지지 않는 불이 타오르고 있었다.

전쟁기념비

　기념비에는 제1차 세계대전과 제2차 세계대전에 대한 기록과 한국전쟁에 대한 기록이 적혀 있다. 또한 이탈리아 여성 의무대에 소속되었던 사람들과 조국을 위해 봉사한 모든 여성 군인들의 역할을 기린다는 내용도 기록되어 있고 영연방 군대와 사람들에게 자유와 안보의 유산을 주기 위해 목숨을 바친 뉴캐슬의 남성과 여성을 기리기 위한다는 내용도 기재되어 있다.

　공원 안에는 Captain Cook Memorial Fountain이 만들어져 있고 분수대에서는 분수가 시원하게 뿜어져 나오고 있다.

분수

　뉴캐슬 아트 갤러리(Newcastle Region Art Gallery)를 관람하였다. 1층에 오스트레일리아의 예술가, 영화 프로듀서, 감독이며 작가인 조지 노엘 기토스(George Noel Gittoes, 1949~)의 작품을 많이 전시해 놓았다.

뉴캐슬 아트 갤러리

그다음으로는 700m 정도 떨어져 있는 뉴캐슬 박물관(Newcastle Museum)을 관람하였다.

뉴캐슬 박물관

입구에 카누를 만들 때 전통적으로 사용되었다는 커다란 통나무가 전시되어 있다. 가운데에 있는 전시관에는 공중에 커다란 지구본이 걸려 있는데 서서히 돌아가고 있다.

이 도시의 역사와 과학기술, 환경에 관한 자료와 나비와 곤충의 모습을 다양하게 편집하여 전시해 놓았고 어린이들을 위한 놀이시설도 만들어 놓아 어린이들이 즐겁게 박물관을 관람할 수 있도록 해 놓았다.

전시품

DAY 10 | 뉴캐슬 Newcastle,
노스 시드니 North Sydney
2020. 2. 19. 수

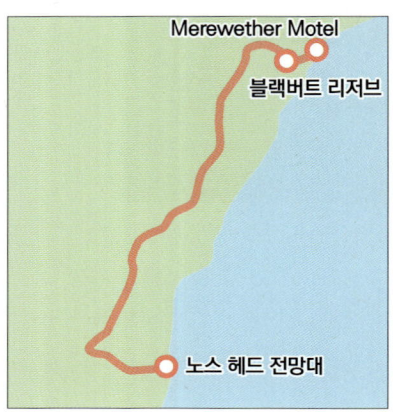 

🚗 이동 경로

Merewether Motel(5.6km) ➡ 블랙버트 리저브(172.4km)
➡ 노스 헤드 전망대(4.1km) ➡ 맨리 미술관과 박물관(0.8km)
➡ 맨리 비치(0.1km) ➡ 코르소 거리(1.2km) ➡ Manly Beach Apartment

계 184.2km

📓 여행기

숙소에서 출발하여 블랙버트 리저브(Blackbutt Reserve)에 도착하였다. 코알라, 캥거루, 에뮤 등을 볼 수 있는 180ha 규모의 동물원이다.

이른 아침인데 어린이들을 데리고 가족들이 나들이를 나와서 잔디밭에서 놀고 있다. 예쁜 공작 두 마리가 사람들에게 접근한다. 사람들이 먹이를 주다 보니 사람과 가까워진 것이다. 넓은 공간에 캥거루, 에뮤 등이 자유롭게 놀고 있는 모습이 보인다.

나들이하는 가족

블랙버트 리저브를 둘러보고 노스 헤드 전망대(North Head Military Lookout)로 향하였다. 172km의 거리를 이동할 예정이다.

도로는 숲속으로 이어진다. 마치 숲속에 도로를 만들어 놓은 것같이 아름드리나무들이 꽉 들어찬 숲이 한없이 이어진다. 너무나 아름다운 광경이다.

아름다운 길을 따라 노스 헤드 전망대에 도착하였다. 노스 헤드 전망대는 맨리의 관광 명소로 시드니항과 사우스 헤드가 검푸른 바다와 어울려 절경을 이루는 곳이다.

바닷가로 이어져 있는 Fairfax Walking Track을 걸었다. 끝이 보이지 않는 검푸른 바다가 펼쳐지고 시드니항도 멀리 보였다. 깎아지른 절벽에 파도가 부서져 하얀 포말을 이루고 있다.

파도

맨리 미술관과 박물관(Manly Art Gallery & Museum)을 관광하였다. 박물관 앞으로 이어져 있는 해변에 많은 사람들이 한가로이 해수욕을 즐기고 있다.

해변

맨리 미술관

이 박물관은 맨리의 역사와 주변 환경을 보여 주는 사진과 근현대 화가의 미술작품을 전시하고 있는 곳이다. 1층에는 Manly Dam Project 작품전을 하고 있고 몇 계단 위에 있는 전시실에는 도자기들이 전시되어 있다.

전시 작품

맨리 비치(Manly Beach)를 둘러보았다. 이곳은 높은 파도가 쉴 새 없이 부서지는 서핑의 메카로, 무섭게 밀려드는 파도타기를 즐기는 사람들로 북적인다. 해변 앞에는 식당과 기념품 상가가 이어져 있다.

맨리 비치

맨리 비치에서 이어져 있는 코르소 거리(The Corso)를 산책하였다. 이곳은 맨리 최고의 번화가로 대형 슈퍼마켓, 쇼핑센터, 레스토랑이 있고, 해변 가까이의 원형 공연장에는 많은 사람들이 북적였다.

코르소 거리

코로소 거리 뒤편에 전쟁기념비가 세워져 있다. 제1차 세계대전, 제2차 세계대전과 한국전쟁, 베트남 전쟁에서 희생된 사람들을 기리는 기념비로 기념비 둘레에 그들의 명단이 적혀 있다.

전쟁기념비

DAY 11 | 시드니 Sydney
2020. 2. 20. 목

🚗 이동 경로

Manly Beach Apartment(10.2km) ➡ 타롱가 동물원(6.1km) ➡ 루나 파크(2.6km) ➡ 파일런 전망대(2.7km) ➡ 켄 돈 갤러리(0.2km) ➡ 현대미술관(0.8km) ➡ 록스 광장(0.1km) ➡ 록스 센터(4.2km) ➡ Edgecliff Lodge Motel

계 26.9km

📖 여행기

　숙소를 출발하여 타롱가 동물원을 보러 갔다. 29만ha의 넓은 부지에 캥거루, 왈라비, 코알라, 사자, 호랑이, 코끼리 등 3,000마리의 동물이 모여 있는 곳이다. 동물원 입구는 마치 성문처럼 웅장하고 동물원 안으로는 나무가 우거져 숲속 같다.

　가족들과 함께 나들이 나온 사람들과 단체 관광객이 무척 많아 입구에는 입장하는 사람들이 길게 늘어섰다. 바다 건너 오페라하우스의 모습과 시드니의 풍광이 가깝게 느껴졌다.

타롱가 동물원

동물원을 떠나 루나 파크를 둘러보았다. 루나 파크(Runa Park)는 놀이시설이 있는 놀이공원이다. 공원 입구에 큰 얼굴의 인형이 입을 벌리고 있고 그 아래로 입장할 수 있게 문이 만들어져 있다. 오늘은 휴무라 조용했다.

루나 파크

하버 브리지를 건너 시드니 시내로 들어갔다. 하버 브리지 입구의 모습이 웅장하게 다가오고 오가는 차량들의 모습이 무척 여유로워 보였다.

하버 브리지

하버 브리지(Harbour Bridge)는 1923~1932년 완공된 세계에서 두 번째로 긴 싱글 아치형 다리다. 길이 1,149m로 뉴욕의 베이온 브리지보다 60cm 짧다.

길게 이어진 하버 브리지를 지나 파일런 전망대(Pylon Lookout)에 올라갔다. 파일런 전망대는 하버 브리지를 받치고 있는 4개의 교각 가운데 남동쪽의 교각 상단에 설치되어 있는 전망대로 200개의 계단을 올라가야 한다.

계단을 올라가면, 전망대 중간에는 다리 건설에 관한 자료와 사진을 전시해 놓았고 영상실에서는 다리 건설 과정에 대한 영상을 보여 주고 있다.

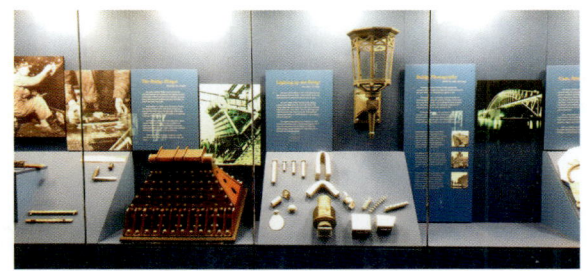

전시 자료

전망대 정상에서는 시드니 시내와 오페라하우스 등 주변 경치가 한눈에 내려다보여 참으로 아름답다.

오페라하우스

하버 브리지 첨탑 위에 있는 계단을 걷는 체험도 인기가 높아 관광에 참여하고 있는 사람들의 모습이 길게 이어진다.

하버 브리지 첨탑

하버 브리지를 건너 시드니로 들어갔다.

시드니(Sydney)는 뉴사우스웨일스의 주도로 인구는 430만 명이다. 오페라하우스에 그 본부를 두고 있는 이 나라에서 가장 유서 깊은 오스트레일리아 교향악단이 있고, 마치 바람에 부푼 돛을 연상시키는 오페라하우스 건물은 시드니 최고의 명소이자 문화, 외교, 경제의 수도로 샌프란시스코, 리우데자네이루와 함께 세계 3대 미항의 하나다.

켄 돈 갤러리(Ken Don Gallery)를 관람하였다. 태양 아래 빛나는 오페라하우스와 하버 브리지, 캥거루 등 호주를 상징하는 문양을 컬러풀하게 표현함으로써 호주를 전 세계에 알리는 데 공헌한 현대화가 켄 돈의 작품이 전시되어 있다.

전시 작품

현대미술관(Museum of Contemporary Art)도 관람하였다. 원주민 애버리지널 작품부터 현대 작가의 작품을 전시하고 있다.

전시 작품

현대미술관을 관람하고 록스 광장으로 가는 길에 Cadman's Cottage가 있다. 시드니에서 두 번째로 오래된 주거용 건물로, 1816년에 식민지 정부의 콕스웨인(coxswains)과 그들의 선원들을 위해 건립했는데 이 건물은 "더 록스(The Rocks)" 지역의 해안선에 지어진 최초의 건물이기도 하다.

Cadman's Cottage

　이 건물의 거주자는 시간이 흐르면서 많이 바뀌었는데, 존 캐드먼(John Cadman, 1827~1845)이 가장 오래 거주했기 때문에 "Cadman's Cottage"로 불린다.

　John Cadman은 영국에서 말을 훔쳤다가 사형 선고를 받은 뒤 무기징역으로 감형되어 1798년 호주로 이송되었다. 조선소에 배치되어 20년 동안 일을 하고서 사면되었고, 그 뒤에도 계속 여기에서 일을 하여 마침내 조선소 소장에 임명되어 이 집에 살게 되었다고 한다. 영국인들의 호주 정착 역사 초기 모습을 구체적으로 보여 주는 곳이다.

　록스 광장(The Rocks Square)을 걸었다. 플레이페어 스트리트(Playfair St.)에 있는 차량 통행이 금지된 광장으로, 광장 한가운데에 대

록스 광장

형 기념비 퍼스트 임프레션(First Impression)이 세워져 있다. 퍼스트 임프레션은 호주에 처음 정착한 죄수와 군인, 이주민 가족의 모습을 담고 있는 조형물이다.

퍼스트 임프레션

록스 광장 옆에 록스 센터(Rocks Centre)와 시드니 관광안내소(Sydney Visitor Centre)가 있다. 이곳은 양모, 보석, 기념품을 판매하는 쇼핑센터로 음식점, 카페 등 먹을거리가 있는 복합공간이다. 식당에는 많은 사람들로 북적인다.

상가

DAY 12 | 시드니 Sydney
2020. 2. 21. 금

🚗 이동 경로

Edgecliff Lodge Motel(6.1km) ➡ 시드니 천문대(2.0km)
➡ 서큘러 키(0.6km) ➡ 시드니 오페라하우스(1.8km)
➡ 뉴사우스웨일스 미술관(0.1km) ➡ 로열 보타닉 가든(1.5km)
➡ 시드니 쇼보트 디너 크루즈(4.5km) ➡ Edgecliff Lodge Motel

계 16.6km

📑 여행기

숙소를 출발하여 시드니 천문대(Sydney Observatory)에 도착하였다. 1857년 설립된 호주에서 가장 오래된 천문대로 언덕 위에 위치하고 있어 항구가 시원하게 내려다보인다.

시드니 천문대

천체 망원경과 관측에 필요한 장비 등 다양한 자료가 전시되어 있고 영상관에서는 우주선이 발사되었다가 귀환하는 과정에 대한 영상을 보여주고 있다. 입장료는 무료이나 야간에는 유료의 가이드 투어가 있다고 한다.

서큘러 키(Circular Quay)를 둘러보았다. 오페라하우스와 하버 브리지의 중간 지점에 자리한 선착장으로 크루즈를 타는 곳이다. 시드니항을 횡단하는 페리 승선장, 버스 터미널, 기차역이 설치되어 있기 때문에 시드니의 교통 중심지이기도 하다. 항구에는 선박들이 들어차 있고 거리에는 사람들의 물결이 넘친다.

부둣가로 이어진 산책로를 따라 시드니 오페라하우스(Sydney Opera House)까지 산책하였다. 거리의 악사, 부양하는 모습을 보여 주는 사람들의 모습이 볼만하다. 넓은 식당들이 이어져 있고 많은 사람들이 식사를 즐기고 있다.

거리의 악사

부양 묘기

오페라하우스는 바다를 향해 날개를 돌출해 있는 모습이 꼭 조개껍질 같기도 하고 오렌지 조각 같기도 하다. 호주의 상징이자 전 세계적으로 손꼽히는 아름다운 건축물이다.

바다 건너에는 하버 브리지의 모습이 한눈에 들어오고 그 밑으로 유람선들이 바쁘게 드나든다.

하버 브리지

다음으로는 뉴사우스웨일스 미술관(Art Gallery of New South Wales)을 관람하였다. 르네상스 양식으로 지어진 외관이 화려하다. 입구를 받치고 있는 12개의 기둥은 기둥 꼭대기에 이오니아식의 섬세한 장식을 새겼으며 신전 건축 양식을 본떴다고 한다.

피카소 작품

모네, 고흐, 피카소 등 유럽 화가의 작품과 호주 최고의 아티스트 로이드 리스(Lloyd Rees, 1895~1988), 마거릿 프레스톤(Margaret Preston, 1875~1963)의 작품 등 최고의 예술품들이 전시되어 있다.

전시 작품

영상실에서는 한국 전소정 작가의 "제주도 해녀의 삶"을 그린 동영상이 상영되고 있다. 미술관의 입장료는 무료이나 전시하고 있는 작품이 무척 많고 다양하다.

그 후에는 로열 보타닉 가든(Royal Botanic Garden)을 산책하였다. 뉴사우스웨일스 미술관과 오페라하우스 사이에 있는 24ha에 이르는 공원으로 아름드리나무들이 하늘을 가리고 있고 종류별로 구분해서 심어 놓은 나무들과 잘 가꾸어진 꽃밭이 무척 아름답다.

로열 보타닉 가든

시드니 쇼보트 디너 크루즈

저녁에는 시드니 쇼보트 디너 크루즈(Sydney Showboat Dinner Cruise)에 탑승하였다. 오페라하우스와 시드니항과 하버 브리지 사이의 넓은 바다 주변을 유람하는 관광으로 시드니항 주변의 아름다운 경치를 감상할 수 있었다.

크루즈선에서의 저녁 식사는 푸짐하다. 와인 한잔을 곁들이는 저녁 식사 시간이 여행의 진미를 느끼게 한다.

어둠이 내리자 불이 밝게 비치고 있는 하버 브리지, 오페라하우스와 주변의 아름다운 야경은 잊지 못할 추억이 되었다.

야경

DAY 13 | 시드니 Sydney
2020. 2. 22. 토

🚗 이동 경로

Edgecliff Lodge Motel(4.5km) ➡ 타운 홀(0.5km) ➡ 퀸 빅토리아 빌딩 (1.5km) ➡ 월드 타워(3.1km) ➡ 미세스 맥쿼리스 포인트(1.7km) ➡ 하이드 파크(0.1km) ➡ 세인트 메리 대성당(2.8km) ➡ Edgecliff Lodge Motel

계 14.2km

📖 여행기

숙소에서 출발하여 타운 홀(Town Hall)에 도착하였다. 지하철과 쇼핑센터, 버스 정류장, 관광안내소 등이 밀집한 교통의 요지에 자리 잡고 있으며 타운 홀 앞 광장은 시드니 최대의 만남의 장소이다. 거대한 건물 중앙에 커다란 시계탑이 보였다.

타운 홀

타운 홀 오른쪽에는 호주 최고의 고딕 양식 건축물로 알려진 세인트 앤드류 성당(St. Andrew's Cathedral)이 자리하고 있다.

세인트 앤드류 성당

타운 홀 왼쪽의 도로 건너편에는 퀸 빅토리아 빌딩(Queen Victoria Building, QVB)이 자리하고 있는데 이 빌딩은 세계에서 가장 아름다운 쇼핑센터로 건물 외관과 내부가 무척 화려하다. 빅토리아 여왕의 명으로 호주의 건축가 조지 맥레이(George McRae, 1857~1923)가 디자인하여 1898년에 오픈했다.

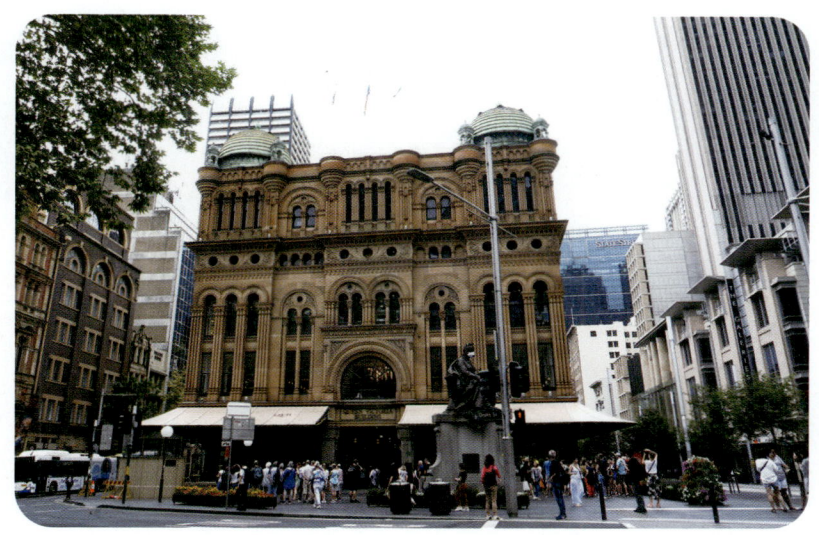

퀸 빅토리아 빌딩

빌딩 앞에 빅토리아 여왕의 거대한 동상이 세워져 있는데 커다란 마스크를 쓰고 있는 모습이다. 여왕의 동상 옆에는 행운을 가져다준다는 여왕의 애견 "이슬레이(Islay)"의 동상이 세워져 있다.

빅토리아 여왕 동상

상가 내부

　　빌딩은 3층까지는 상가로 고급 부티크와 카페, 레스토랑 등 200여 개 점포가 꽉 들어차 있다. 중앙 통로에 무척 화려하게 장식된 두 개의 커다란 시계가 걸려 있는데 앞에 있는 시계는 매시 정각에 시계의 화면에 불이 들어오면서 그림이 나오는데 여러 가지 장면이 바뀌어 나오게 되어 있어 무척 신기한 모습이다. 탑으로 되어 있는 4층과 5층은 주거시설이다.

한식당 아리산

　　월드 타워(World Tower)를 둘러보았다. 시드니 센트럴 번화가에 우뚝 솟은 지하 10층, 지상 65층의 주상복합건물인데 1층은 식당가로 "아리산"이라는 한국 식당도 있으며 주변이 매우 활기찬 모습이다.

미세스 맥쿼리스 포인트(Mrs. Macquaries Point)로 이동하였다. 맥쿼리 부인이 앉아서 고향을 그리던 장소로 오페라하우스에서 둥글게 형성된 팜코브를 따라 걸으면 뾰족하게 튀어나온 모서리에 있다. "미세스 맥쿼리스 체어"라는 의자처럼 만들어진 커다란 바위가 있고 주변에는 거대한 나무들이 이 바위를 감싸고 있다.

미세스 맥쿼리스 체어

이곳에서는 오페라하우스와 하버 브리지가 한눈에 들어오고 노스시드니 도심의 아름다운 모습도 보인다. 시원한 바다의 전망을 즐길 수 있는 매우 아름다운 곳이다.

오페라하우스

시원한 바다를 뒤로하고 하이드 파크(Hyde Park)로 이동하여 공원을 산책하였다. 공원은 도로 사이로 남북으로 나누어져 있는데 공원 북쪽에 프랑스에서 기증한 아치볼드 분수가 뿜어져 나오고 있으며 하늘을 가릴 만큼 푸르른 나뭇잎 사이로 보이는 마천루의 풍경이 이국적이다.

캡틴 쿡의 동상

남쪽 공원에는 캡틴 쿡의 동상이 우뚝 서 있고 한 편에는 호주 전몰자들의 넋을 기리기 위한 안작 메모리얼이 있다.

안작 메모리얼

2층에는 1914~1918년 제1차 세계대전에서 희생된 전몰자들을 기리는 꺼지지 않는 불이 타오르고 있고 1층에는 전쟁에 관한 사진과 자료가 전시되어 있다.

꺼지지 않는 불

지하 1층에는 전사자들의 명패를 벽에 붙여 놓았고 바닥에 있는 원형의 둘레에는 전쟁에 참여한 지역에 대한 전쟁 기록이 적혀 있는데 한국전쟁에 참여한 청주, 가평, 마량산, 사미천 리버 등 네 개의 지명이 적혀 있다. 영상실에서는 그 당시의 전쟁에 관한 영상을 보여 주고 있다.

 계단을 따라 아래로 내려가니 중앙 홀에 커다란 칼과 방패 위에 누워 있는 병사의 모습이 보이고 전쟁에 관한 사진과 자료들이 전시되어 있다.

 하이드 파크와 이웃하고 있는 세인트 메리 대성당(St. Mary's Cathedral)에서 토요특전 미사에 참례하였다. 이 성당은 1822년 파리의 노트르담 사원을 본떠 설계되었는데 두 개의 첨탑이 우뚝 솟아 있어 외관이 화려하고 규모가 무척 크다.

세인트 메리 대성당

성당의 전면과 좌우측에 성서의 내용을 형상화하여 만들어 놓은 스테인드글라스가 무척 아름답다.

스테인드글라스

성당 한쪽에는 전장에서 죽은 오스트레일리아 병사의 모습이 만들어져 있고 유다를 제외한 예수 제자들의 얼굴이 조각된 기둥이 높게 세워져 있다. 신자들이 무척 많이 참여하여 엄숙한 분위기 속에서 미사가 진행된다.

DAY 14 | 시드니 Sydney
2020. 2. 23. 일

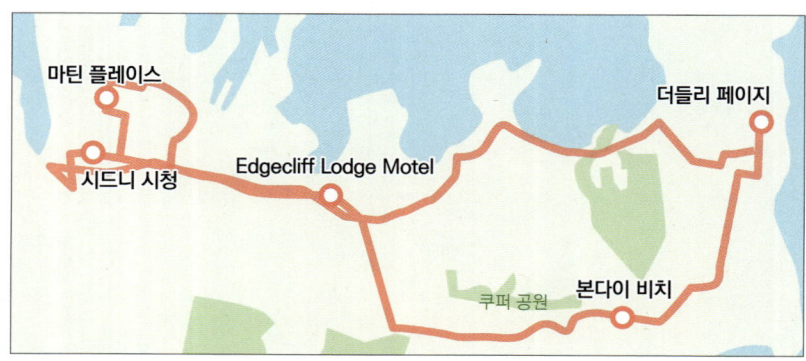

 **이동 경로**

Edgecliff Lodge Motel(4.5km) ➡ 시드니 시청(8.5km)
➡ 본다이 비치(2.8km) ➡ 더들리 페이지(9.3km) ➡ 마틴 플레이스(2.9km)
➡ Edgecliff Lodge Motel

계 28.0km

 여행기

오늘은 빅 버스 투어를 하고 마틴 플레이스를 관광하는 일정이다.

숙소에서 지하철을 타고 시청 앞에서 내렸다. 아침 시간이라 지하철은 사람들이 많지 않고 지하상가도 한가하다.

지하철

　시청 앞에서 출발하는 빅 버스(Big Bus) 투어를 시작하게 되는데 빅 버스 투어는 티켓 하나로 24시간 동안 원하는 정거장에서 내리고 타는 것이 자유롭고 시내 코스 투어까지 환승해서 탈 수 있어 아주 편리하다.

　먼저 본다이 비치 코스다. 높은 2층 버스를 타고 시내를 지나 본다이 비치까지 돌게 되니 주변의 상가와 사람들의 생활하는 모습을 편안하게 앉아서 볼 수 있고 한국어 안내가 나와서 더욱 좋다.

빅 버스

본다이 비치(Bondi Beach)에서 내렸다. 유명한 관광지답게 상가 앞에는 사람들의 물결이 넘친다.

해안을 따라 곡선을 그리며 형성된 해변이 무척 크다. 본다이는 "바위에 부서지는 파도"라는 원주민 언어다. 해변에는 무척 많은 사람들이 몰려들어 유명 해변임을 느끼게 한다. 파도가 크게 밀려오고 파도를 타는 사람들의 모습이 즐거워 보인다.

본다이 비치

본다이 비치 코스 투어를 마치고 시내 코스 투어를 하였다. 더들리 페이지(Duddley Page)를 지난다. 이곳이 시드니 최고의 부촌인데 더들리 페이지라는 사람이 건물을 짓지 않고 좋은 경관을 유지하는 조건으로 이 땅을 시드니에 기증하여 지금도 큰 건물이 없이 전망이 좋은 상태를 유지하고 있다고 한다.

더들리 페이지

시드니 함대 기지도 지나며 거대한 군함의 모습도 감상하고 하버 브리지, 시드니 오페라하우스도 한눈에 들어왔다.

시드니 오페라하우스

빅 버스 투어를 마치고 마틴 플레이스(Martin Place)를 둘러보았다. 시드니에서 주요 이벤트가 시작되는 곳으로 크리스마스트리의 불을 밝히고 안작 퍼레이드의 팡파르가 울리는 곳이다.

잘 가꾸어 놓은 정원이 아름답다.

마틴 플레이스

DAY 15 | 시드니 Sydney
2020. 2. 24. 월

🚗 이동 경로

Edgecliff Lodge Motel(5.3km) ➡ 시드니 중앙역(3.5km)
➡ 시드니 수족관(1.5km) ➡ 시드니 타워(1.3km) ➡ 피어몬트 브리지(2.9km)
➡ 국립해양박물관(0.8km) ➡ 카지노(1.4km) ➡ 시드니 피시 마켓(4.4km)
➡ Edgecliff Lodge Motel

계 21.1km

📖 여행기

숙소에서 출발하여 센트럴 중앙역에 도착하였다. 웅장한 중앙역의 첨탑 꼭대기에 깃발이 펄럭인다.

호주 일주

센트럴 중앙역

    빅 버스 투어는 24시간 이내에는 무료로 탈 수 있으므로 센트럴 중앙역에서 시티 코스 버스를 타고 시드니 시내를 돌아 시드니 수족관(The Sydney Aquarium)에서 내렸다.

    시드니 수족관은 영화 〈니모를 찾아서〉의 배경이 되는 호주 앞바다를 재현한 곳으로 세계에서 가장 큰 상어와 대형 가오리, 수천 종의 열대어와 산호초 등 천혜의 자연환경을 간직하고 있는 수족관이다.

    수족관 안은 수심 10m, 길이 145m의 수중 유리 터널을 따라 걸으며 물고기들을 감상할 수 있다.

수중 유리 터널

　수족관의 규모도 무척 크고 대형 가오리와 다양한 물고기들이 자유롭게 놀고 있다. 사람들이 수조에 들어가 물고기들에게 먹이를 주는 장면도 보인다.

　수족관 관람을 마치고 다시 시티 버스를 타고 시드니 시내를 돌아 시드니 타워(Sydney Tower Eye)에 도착하였다. 시드니 타워는 1981년 완공된 높이 305m의 빌딩으로 시드니 시가지와 멀리 태평양과 블루 마운틴까지 한눈에 들어오는 환상적인 전경을 감상할 수 있는 전망대가 있다.

물고기

시드니 타워

전망대에 오르기 전 "호주 대모험"이라는 가상 체험을 보았다. 오리엔테이션 캠프장을 거쳐 4D 관람용 안경을 끼고 호주의 신비한 역사 이야기를 영상을 통해 감상했다.

전망대에 오르니 태평양의 푸른 물결이 한없이 펼쳐지고 시드니 시내의 모습이 한눈에 들어왔다. 크고 작은 빌딩 숲과 하이드 파크의 모습이 아름다운 파노라마처럼 펼쳐졌다.

피어몬트 브리지(Pyrmont Bridge)를 걸었다. 시드니항에 배가 드나들 때 지장이 없도록 다리의 중간이 열리게 설계된 다리다. 다리 위에서 바라보는 시드니항에는 크고 작은 배들이 많이 정박해 있다.

시드니 시내

피어몬트 브리지

　피어몬트 브리지 옆에는 국립해양박물관(Australian National Maritime Museum)이 있다. 호주를 둘러싸고 있는 바다와 선박 해양의 역사와 문화를 이해할 수 있는 곳이다.

국립해양박물관

　옥외 전시장에 호주의 마지막 구축함 뱀파이어호(HMAS Vampire)와 길이 91.5m의 러시아 잠수함 폭스트롯(Foxtrot)이 전시되어 있다고 한다.

　항구 주변에 펼쳐진 고층 건물들의 위용이 대단하다.

국립해양박물관 뒤편 언덕 위에 있는 카지노(The Star)에 올라갔다. 200개의 게임 테이블과 1,500개의 슬롯머신, 2개의 대형 극장, 나이트 클럽 등이 있는 호주 최대의 카지노이다. 2층에 있는 게임장은 마치 커다란 행사장을 방불케 할 정도로 넓다. 다양한 종류의 게임기들이 꽉 들어차 있고 게임에 열중하고 있는 사람들의 모습이 보였다. 정말 큰 카지노이다.

시드니 피시 마켓(Sydney Fish Market)을 구경하였다. 시장은 무슨 상품들이 있을까 궁금하여 항상 구경하게 되는 것 같다. 이곳은 수산 시장인데 무척 많은 생선들이 진열되어 있었다. 종류도 무척 많고 아주 싱싱한 생선들이 일반 마트보다는 많이 저렴하다.

시드니 피시 마켓

DAY 16 | 시드니 Sydney
2020. 2. 25. 화

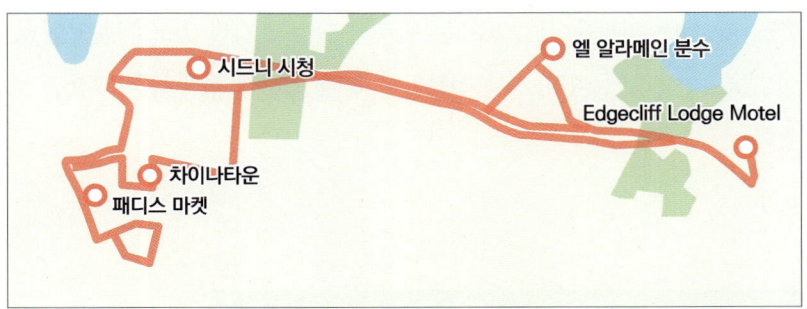

 이동 경로

Edgecliff Lodge Motel(3.4km) ➡ 시드니 시청(0.9km)
➡ 차이나타운(1.5km) ➡ 패디스 마켓(5.1km) ➡ 엘 알라메인 분수(1.1km)
➡ Edgecliff Lodge Motel

계 12.0km

 여행기

  숙소를 출발하여 시드니 시청에 도착하였다. 시청을 관광하는 가이드 투어는 매주 화요일 10시 30분에 실시한다. 가이드는 노년의 자원봉사자이다.

  가이드를 따라 시청 입구로 들어가니 천장에 매달린 아름다운 샹들리

에가 우리 관광객들을 맞이했다. 창문에 새겨진 스테인드글라스가 정말 화려하고 2층으로 올라가는 계단에 캡틴 쿡이 조각된 스테인드글라스가 특히 눈에 띄었다.

2층에 있는 파티를 하는 방에는 한복이 단정히 걸려 있고 거문고도 놓여 있다. 진열장에 여러 가지 선물들이 놓여 있는데 한국의 자개장도 보였다.

스테인드글라스

자개장

8천 개의 파이프로 만들어진 세계에서 가장 아름다운 파이프 오르간을 보려고 강당에 갔다. 마침 학생들의 행사가 있어 파이프 오르간의 전체적인 모습은 보지 못하였지만 커다란 파이프 오르간의 윤곽이라도 볼 수 있어서 다행이었다. 가이드 투어는 1시간 반이 소요되었다.

파이프 오르간

시청을 견학하고 차이나타운(China Town)에 갔다. 입구에 붉은색 일주문이 세워져 있고 보행자 거리 좌우로 레스토랑과 잡화점, 기념품점이 늘어서 있다.

차이나타운

패디스 마켓

　차이나타운의 일주문 바로 앞에 패디스 마켓(Paddy's Market, Hay Market)이 있다. 길게 지어진 큰 건물 1층에 있는 우리나라의 남대문시장처럼 저렴한 물건이 지천으로 쌓여 있는 재래시장인데 오늘은 휴무라 상가가 모두 문을 닫았다.

　2층에 있는 마켓 시티에 올라가 보니 고급 상가들이 길게 이어져 있고 우리나라의 홍삼을 파는 상점도 눈에 보였다.

마켓 시티

마켓 시티를 한 바퀴 둘러보고 엘 알라메인 분수(El Alamein Fountain)를 보러 갔다. 공작이 날개를 펼친 모양의 분수대로 제2차 세계대전에 참전한 호주 병사들을 기념하기 위해 만든 것이다.

분수가 시원스럽게 뿜어져 나오고 그 앞에는 세계 각국의 수도에 이르는 방향과 거리가 표시되어 있다. 서울까지 8,332km라고 표시되어 있다. 분수 주변으로 아름드리나무들이 그늘을 드리우고 있어 참으로 시원하다.

엘 알라메인 분수

DAY 17 | 시드니 Sydney
2020. 2. 26. 수

🚗 이동 경로

Edgecliff Lodge Motel(8.9km) ➡ Hornby Lighthouse(0.7km)
➡ 갭 파크(7.4km) ➡ 맥켄지 포인트(7.2km) ➡ Edgecliff Lodge Motel

계 **24.2km**

📔 여행기

　숙소를 출발하여 Hornby Lighthouse로 향하였다. 시드니에서 가장 유명한 부촌이라는 더블 베이(Double Bay)를 지난다. 나무가 우거진 주택가에 고급 주택들이 들어서 있었다.

더블 베이

　손가락처럼 솟아 있는 시드니 동부 해안의 맨 끝에 자리하고 있는 Hornby Lighthouse를 가기 위하여 Camp Cove Beach를 지났다. 둥그렇게 이어진 해변에 많은 사람들이 해수욕을 즐기고 있었다.

Camp Cove Beach

해안가로 이어진 산책로를 따라 300m 정도 진행하니 레이디 베이(Lady Bay)가 나왔다. 넓은 바위가 펼쳐져 있는 조그만 누드 비치다.

해안가로 나 있는 산책로를 따라가니 South Head Heritage Trail이 이어졌다. 해안 절벽 아래에 기괴한 바위들의 모습이 보였다.

South Head Heritage Trail

좀 더 가니 Hornby Lighthouse가 나왔다. 바닷가에 외로이 서 있는 등대가 파도와 어울려 아름답다. 절벽 아래에는 수천 년 동안 풍파에 씻겨 만들어진 자연의 작품들이 장관이다. 파도가 밀려와 바위에 부딪치고 그대로 사그라진다.

Hornby Lighthouse

갭 파크(Gap Park)에 있는 The Gap Lookout에 올랐다. 영화 〈빠삐용〉에서 주인공이 몸을 던졌던 마지막 촬영지이다. 100m 높이의 단애 절벽에 거센 파도가 부서져 하얀 거품을 일으키는 모습이 장관이다.

The Gap Lookout

나지막한 언덕에 펼쳐진 마을과 멀리 보이는 시드니 시내의 모습이 그림처럼 아름답게 펼쳐졌다.

주변 경관

맥켄지 포인트(Mackenzies Point)로 이동하는데, 커다란 닻이 하나 세워져 있었다. 1857년 8월 20일에 난파된 던바호의 닻이라는 설명이 붙어 있는데 승객 총 122명 중 한 명만 살았다고 기록되어 있다.

던바호의 닻

본다이 비치에서 브론테 비치로 이어지는 해안 산책로의 모서리에 맥켄지 포인트(Mackenzies Point) 전망대가 있다. 전망대 입구에 푸른 잔디밭이 넓게 펼쳐져 있고 둥그렇게 만들어진 전망대에서 바다가 시원스럽게 내려다보인다.

맥켄지 포인트

절벽 아래 다양한 모습의 바위들이 장관이다. 해안가에서 시원한 바닷바람을 쏘이며 한가한 시간을 보낸 즐거운 하루였다.

전망

DAY 18 | 시드니 Sydney, 카툼바 Katoomba
2020. 2. 27. 목

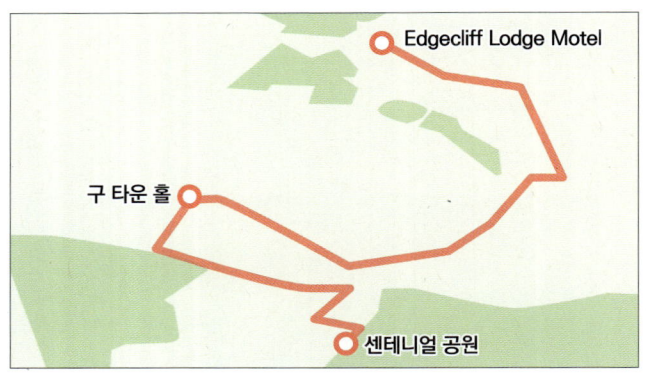

🚗 이동 경로

Edgecliff Lodge Motel(2.2km) ➡ 구 타운 홀(1.4km)
➡ 센테니얼 공원(108.0km) ➡ 에코 포인트(2.2km) ➡ 시닉 월드(2.1km)
➡ 카툼바 타운 센터 모텔

계 115.9km

📔 여행기

숙소를 출발하여 구 타운 홀(Old Town Hall, Paddington Town Hall)에 도착하였다. 1890년 지어졌으며 빅토리아 양식의 장엄함과 높다란 시계탑이 인상적이다. 지금은 도서관으로 사용되고 있는데 아침부터 많은 사람들이 독서에 열중하고 있는 모습이다.

구 타운 홀

센테니얼 공원(Centennial Park)을 산책하였다. 센테니얼 공원은 뉴사우스웨일스주 시드니의 동쪽 외곽에 있는 220ha의 대규모 공원으로, 1988년 1월 26일에 호주 건국 100주년 기념식이 열렸던 곳이다.

넓은 공원 전체에 거목들이 우거져 있고 연못에는 연꽃이 아름답게 피었다. 공원을 한 바퀴 돌 수 있게 자동차도로가 나 있고, 공원 가운데에도 자동차도로가 나 있어 많은 사람들이 중간중간 주차하고 휴식을 취하고 있다. 그 규모가 무척 크고 나무가 많이 우거져 아름답다.

센테니얼 공원

공원 산책을 마치고 7일 동안 머물렀던 시드니를 출발하여 Katoomba Town으로 향하였다. 108km의 거리로 2시간이 소요된다.

카툼바에 있는 에코 포인트(Echo Point)에 도착하였다. 블루 마운틴을 대표하는 세 자매 바위가 나란히 보였다. 세 자매 바위 좌우로 웅장한 산의 자태가 파노라마처럼 펼쳐졌고 너무나 황홀한 광경에 기념사진도 찍었다.

세 자매 바위

관광안내소에서 왼쪽에 있는 세 자매 산책길(Three Sisters Walk)로 내려갔다. 중간에 세 자매 바위를 바라볼 수 있는 전망대가 있었고 웅장한 바위산 봉우리가 주변을 압도했다. 더 내려가면 조그만 다리가 세 자매 바위와 연결되어 있는데 90m 구간은 아주 심한 급경사 계단으로 되어 있다.

시닉 레일웨이

세 자매 바위를 보고 시닉 월드(Scenic World)에 도착하였다. 시닉 월드에는 세 개의 관광코스가 있는데 하나의 입장권으로 세 개의 관광코스를 모두 감상할 수 있다. 정문 앞에는 스팀 시계가 세워져 있는데, 시계 위에서 스팀이 나오고 시계추가 돌아가는 모습이었다. 주차장에는 관광객들의 차량으로 만원이다.

시닉 레일웨이는 경사 52°, 높이 250m의 가파른 협곡을 궤도열차를 타고 산의 깊은 곳까지 구경하게 되는데 1880년대 협곡 아래 탄광에서 석탄과 광부들을 나르기 위해 설치된 이 열차는 세계에서 가장 가파른 곳을 달리는 열차다. 거의 직각으로 된 내리막길을 달려 아찔하다. 경사 아래로는 빽빽하게 우거진 아름다운 원시림이 가득하다.

시닉 레일웨이를 타고 내려가 산책로를 걸으면 옛날 탄광을 운영하던 모습을 그대로 만들어 놓아 실감이 난다.

산책로

시닉 스카이웨이(Scenic Skyway)는 유리 바닥이 설치된 관광용 케이블카를 타고 카툼바 폭포(Katoomva Falls)를 지나 절벽 맞은편까지 가게 되는 것이다.

시닉 스카이웨이

발아래 원시림의 물결이 펼쳐지고 세 자매 바위, 제미슨 밸리(Jamison Valley), 카툼바 폭포(katoomba Fall) 등 블루 마운틴에 있는 여러 명소들이 한눈에 들어와 무척 감탄스러운 장면이 이어진다.

폭포

시닉 케이블웨이

시닉 케이블웨이(Scenic Cableway)는 84명이 탈 수 있는 호주 최대의 케이블카로 제미슨 계곡 545m 아래로 하강하여 원시림 속으로 내려간다.

또한 원시림 속을 산책할 수 있는 블루 마운틴의 보드워크가 만들어져 있는데 총 2.2km로 호주에서 긴 고가 산책로이다.

시닉 월드는 원시림 속 자연의 아름다움을 마음껏 느낄 수 있는 곳으로 어디를 보아도 하나하나가 모두 훌륭한 작품이다.

DAY 19 | 카툼바 Katoomba, 제놀란 Jenolan
2020. 2. 28. 금

🚗 이동 경로

카툼바 타운 센터 모텔(13.6km) ➡ 블루 마운틴 국립공원(91.5km) ➡ 제놀란 동굴(0.1km) ➡ 제놀란 케이브 하우스

계 105.2km

📔 여행기

아침에 일어나니 해가 밝게 떠올라 화창한 날씨다. 낮에는 더운 날씨이나 밤에는 기온이 내려가 쌀쌀하게 느껴진다.

블루 마운틴 국립공원을 산책하기 위하여 Mount Hay and Butterbox Point로 올라갔다.

블루 마운틴 국립공원(Blue mountains National Park)은 뉴사우스웨일스(New South Wales)주 동쪽에 있는 산맥으로 그 크기가 무려 백만 헥타르에 이르는 거대한 자연공원으로 서울시 면적의 약 16배 정도가 된다. 2000년에 유네스코 세계 자연유산으로 지정되었다. 평균 해발 1,100m 높이의 사암으로 이루어진 고원지대로 가장 낮은 곳은 해발 20m로 네피언강(Nepean river)이 위치한 지역이며 가장 높은 곳은 웨롱산(Mount Werong) 봉우리로 해발 1,215m다. 산 전체가 유칼립투스 원시림으로 덮여 있는데 이 나무에서 분비된 수액이 강한 태양 빛에 반사되면 대기가 푸르게 보인다. 이러한 이유로 이곳은 블루 마운틴이라는 이름을 갖게 되었다.

포장된 도로가 끝나고 비포장도로를 따라 산속으로 들어간다. 울창하게 우거진 유칼립투스 나무와 푸른 하늘이 어울려 너무 아름다운 자연을 느끼게 한다.

유칼립투스

　5km 정도 산속으로 들어갔는데 도로를 막아 놓았고 산불이 위험하여 도로를 폐쇄했다는 안내문이 적혀 있다. 산불로 나무들이 탄 흔적이 여기저기 보였다.

　블루 마운틴 국립공원을 둘러보고 제놀란 동굴(Jenolan Caves)을 향하여 출발하였다. 카툼바에서 91km 정도 이동해야 하는데 얼마 전 큰 홍수로 도로가 일부 폐쇄되어 20km 정도를 우회하였다.

　평화롭게 풀을 뜯고 있는 양 떼 목장도 지나고 나무숲 사이로 이어진 산길도 지난다.

양 떼 목장

제놀란 동굴에 거의 도착했는데 산불로 불에 탄 나무들이 많이 보인다. 아름드리나무들이 불에 검게 탔다. 한동안 극성을 부렸던 산불의 흔적들을 가까이서 보니 불이 한창 탈 때는 무척 겁이 났을 것이라는 느낌이 든다. 불에 탄 나뭇등걸에서 새 순이 나와 자라는 모습을 보면서 생명의 끈질김이 느껴진다.

불에 탄 나무

얼마 전 큰 홍수로 도로가 파괴되어 도로를 우회하였기 때문에 급경사로 된 길로 내려가서 제놀란 동굴 입구에 도착하였다.

제놀란 동굴은 석순과 석호를 지닌 종유동굴로 일반에 공개된 지 100년이 넘었지만 아직도 인간의 발이 닿지 않은 동굴이 있다고 한다. 개인적으로는 들어가지 못하고 가이드 투어에 참가해야 한다.

세 개의 투어 코스가 있는데 루카스(Lucas) 코스는 길이 860m, 계단 910개로 1시간 30분이 소요되고, 치플리(Chifley) 코스는 길이 690m, 계단 421개로 1시간이 소요되고, 임페리얼(Imperial) 코스는 1,070m, 계단 258개로 1시간이 소요된다.

가이드 투어에 참가하여 루카스 코스를 돌았다. 암벽으로 둘러싸인 도로 사이로 나 있는 입구를 통하여 동굴로 들어갔다.

제놀란 동굴

동굴 내부는 규모가 무척 크고 넓어 관광하기 편안하다. 넓은 광장이 여러 개 나오고 다양한 석순들의 모습이 무척 아름답다.

제놀란 동굴

석순을 선명하게 볼 수 있도록 조명을 잘해 놓았다. 커다란 광장에 음악이 흘러나오고 어둠 속에서 불이 들어오는 장면을 연출하여 탄성을 자아내게 한다. 접근 도로가 폐쇄되어 우회하는 도로로 어렵게 찾아오기는 했지만 방문한 보람을 느낄 만했다.

제놀란 동굴의 조명 효과

오늘은 동굴 옆에 있는 제놀란 케이브 하우스(Jenolan Caves House)를 예약하여 여유 있는 시간을 가질 수 있다. 관광객들이 많지 않아 조용한 시간이었다.

제놀란 케이브 하우스

DAY 20 | 캔버라 Canberra
2020. 2. 29. 토

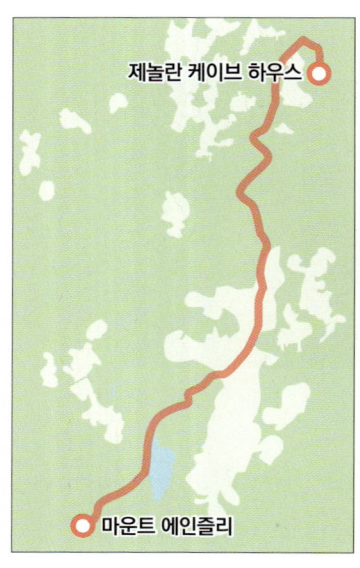

🚗 이동 경로

Jenolan Caves House(269.0km) ➡ 마운트 에인즐리(4.6km)
➡ 전쟁기념관(4.1km) ➡ 내셔널 캐피탈 액시비션(2.4km)
➡ 호주 내셔널 뮤지엄(5.3km) ➡ 블랙 마운틴과 텔스트라 타워(11.0km)
➡ Brassey Hotel

계 296.4km

📔 여행기

오전 8시 제놀란의 Jenolan Caves House를 출발하여 캔버라로 향하였다. 산불로 타 버린 나무들이 보인다. 산불이 지나간 곳과 산불이 비켜 간 곳에 있는 나무들의 모습이 대조적이다.

산불 현장

캔버라에 있는 마운트 에인즐리까지 270여 km의 거리다. 170km 정도는 국도 구간을 통과하게 되는데 한가로운 모습의 양 떼 목장도 지나고 구부러진 도로도 지나게 되어 시간이 많이 걸리나, 잘 우거진 나무숲 속으로 도로가 이어져 있어 마치 숲속을 가는 것 같다. 끝이 보이지 않을 정도로 넓게 펼쳐진 초원도 지난다.

양 떼 목장

오후 1시경 캔버라의 마운트 에인즐리에 도착하였다.

캔버라(Canberra)는 "사람들이 모이는 곳(Meeting Place)"이라는 뜻을 가진 호주의 수도로 1908년 건설한 세계 최대의 인공도시이다.

마운트 에인즐리(Mt. Ainslie Lookout)는 해발 843m이나 산이라기보다는 언덕에 가깝다. 정상에서 바라보는 캔버라 시내와 원시림이 우거진 숲의 풍광이 무척 아름답다.

시내 모습

전쟁기념관과 안작 퍼레이드(Australian War Memorial & Anzac Parade)를 견학하였다. 웅장한 대리석 건물로 호주군이 참여했던 세계의 모든 전쟁에 대한 기록을 연도별로 구별하여 전시하고 있다.

전쟁기념관

건물 중앙에 있는 기억의 전당(Hall of Memorial) 앞으로 길게 안작 퍼레이드가 펼쳐지고 벽면에는 10만여 명의 전사자 이름이 새겨져 있다. 한국전쟁에 관한 기록도 있다.

안작 퍼레이드

전사자 명단

중정 앞에 있는 조그만 연못에는 꺼지지 않는 불이 타오르고 있으며 중정의 돔형 천장은 비잔틴 양식의 화려한 스테인드글라스로 장식되어 있어 무척 화려하다.

전시관에는 연도별로 전쟁에 관한 자료를 전시해 놓았고 전쟁을 하는 병사들의 영상은 마치 전쟁을 하고 있는 것처럼 생생한 모습을 느낄 수 있도록 해 놓았다.

전시된 자료

내셔널 캐피탈 액시비션(National Capital Exhibition)을 견학하였다. 수도 캔버라의 모형과 사진이 전시되어 있고 영상실에서는 캔버라의 건설 과정을 자세하게 상영하고 있었다. 한국어 해설이 나와서 이해하기 수월하다.

고대의 땅에서 전통적인 교차지가 새로운 연방 국가를 위해.

영상

    내셔널 캐피탈 액시비션 건물은 낮은 언덕에 자리하고 있어 바로 앞에 있는 캡틴 쿡 분수대가 가장 잘 보이는 곳이다. 벌리 그리핀 호수 방향으로 언덕을 내려가면 캡틴 쿡 기념 조형물이 만들어져 있고 캡틴 쿡이 발견한 곳에 대한 자료가 적혀 있다.

캡틴 쿡 기념 조형물

벌리 그리핀 호수(Lake Burley Griffin)에 있는 캡틴 쿡 기념 분수(Captain Cook Memorial Water Jet)는 캡틴 쿡의 호주 상륙 200주년을 기념해서 세워진 것으로 매일 10:00~12:00, 14:00~16:00, 140m의 물기둥을 뿜어 댄다.

분수는 물기둥을 뿜어 대는 시간이 아니라서 잠잠한 모습이었다. 아름다운 분수를 보지 못하여 아쉽다.

호수에 떠 있는 작은 섬 아스펜(Aspen Island)에서 울려 나오는 아름다운 종소리는 매주 수요일과 일요일, 그리고 특별한 기념일에 울리는데, 캔버라 수도 50주년을 기념해서 영국에서 기증한 것이라고 한다.

호주 내셔널 뮤지엄(National Museum of Australia)을 관광하였다. 벌리 그리핀 호수 쪽으로 튀어나온 손가락 모양의 부지에 세워져 있어 호수의 풍경이 아름다웠다.

박물관의 규모가 너무 커서 감탄스럽다. 로비에는 거대한 공룡의 화석이 전시되어 있고 전시실의 전시품들도 다양하고 무척 많다. 박물관 밖에 있는 원형 조형물과 호주 대륙의 원시 형태를 보여 주는 체험장은 모두 올라가 만져 볼 수 있게 설치되어 있다.

호주 내셔널 뮤지엄

텔스트라 타워

　블랙 마운틴과 텔스트라 타워(Black Mountain & Telstra Tower)에 올라갔다. 해발 812m의 블랙 마운틴 정상에 솟아 있는 통신탑으로 195m 높이로 솟아 있다.

엘리베이터를 타고 전망대에 올라가니 360도로 확 트인 캔버라가 한눈에 들어온다. 시내의 모습과 원시림이 우거진 삼림의 모습이 보인다.

전망대 주변으로 우거진 숲 군데군데에 산불로 타다 남은 검은 나무들의 모습이 보인다. 전망대 주위를 둘러싸고 불이 세차게 타오른 모습이다. 그러나 큰 나무들은 밑 부분만 불에 타고 윗부분은 푸른 모습으로 살아남아 있어 생(生)과 사(死)의 순간을 생각하게 한다.

시내 모습

DAY 21 | 캔버라 Canberra
2020. 3. 1. 일

🚗 이동 경로

Brassey Hotel(1.3km) ➡ 세인트 크리스토퍼스 대성당(2.2km) ➡ 국회의사당(1.7km) ➡ 호주 국립미술관(0.7km) ➡ Lake Burley Griffin Cruises(0.1km) ➡ 커먼웰스 플레이스(5.4km) ➡ 오스트레일리아 내셔널 보타닉 가든(7.2km) ➡ Brassey Hotel

계 18.6km

🎫 여행기

　아침에 숙소 부근에 있는 세인트 크리스토퍼스 대성당(Saint Christopher's Cathedral)에서 주일미사에 참례하였다. 성당은 화려하게 장식을 하지는 않았으나 단정하고 깔끔한 모습이다. 성당도 크고 신자들도 많았다.

　미사를 마치고 국회의사당(Parliament House)을 견학하였다. 32ha에 달하는 넓은 캐피털 힐의 중앙에 자리한 호주의 심장부이다. 높이 81m의 세계 최대를 자랑하는 국기 계양대와 커다란 의사당 건물이 넓게 자리 잡고 있다.

국회의사당

일요일인데 일반 관광객들에게 관람을 허가하고 있어 단체 관광객과 일반 관광객들이 무척 많다.

홀에 들어가니 아름다운 대리석 기둥으로 멋을 내어 화려하다. 엘리자베스 여왕의 동상이 서 있다.

홀

의회 회의실은 문을 닫았으나 건물 곳곳은 자유롭게 관람을 할 수 있다. 조그만 회의실은 깔끔하게 단장을 해 놓았고 주변으로 방청석도 많이 만들어 놓았다.

의회 회의실

옥상에 있는 전망대에서는 전쟁기념관과 일직선으로 이어진 도로의 모습이 멋지게 보이고 국기 게양대의 웅장한 모습을 가까이서 볼 수 있다.

전망

국기 게양대

국회의사당 앞으로 조금 내려가니 구 국회의사당 건물이 자리하고 있다. 1927~1988년까지 호주의 행정 중심지 역할을 하던 곳으로 옆으로 길게 이어진 건물을 지금은 호주 민주주의 박물관(Museum of Australian Democracy)으로 사용하고 있다.

호주 민주주의 박물관

구 국회의사당 건물 바로 앞에 애버리지널 대사관(Aboriginal Embassy)이라고 표시된 조그만 사각형의 건물이 보인다.

호주 국립미술관(National Gallety of Australia)을 관람하였다. 근대에서 현대에 이르기까지 방대한 미술작품을 소장하고 있다. 특히 20세기 미술품과 애버리지널 아트 컬렉션은 세계 최대 수준이라고 한다.

미술관에서는 호주의 예술가 휴 램지(Hugh Ramsay, 1877~1906)의 개인전을 열고 있으며 작가의 작품이 무척 많이 전시되어 있다. 이 미술관은 누구나 무료로 관람할 수 있는데 유료의 특별전으로 피카소 작품전을 하고 있다.

작품

야외 조각공원에는 로댕(Auguste Rodin, 1840~1917)과 마이욜(Aristide Maillol, 1861-1944) 등 거장의 작품이 전시되어 있다.

로댕의 작품

점심 식사를 하고 Lake Burley Griffin Cruises에 탑승하였다. 내셔널 뮤지엄과 국립도서관 사이에 있는 레가타 포인트 앞 페리 터미널에서 출발하여 크루즈를 타고 1시간 동안 그리핀 호수를 따라 도시를 조망하는 투어이다.

어제 관람하였던 호주 내셔널 뮤지엄(National Museum of Australia)과 내셔널 캐피탈 엑시비션이 가까이 보였다.

내셔널 뮤지엄

매주 수요일과 일요일, 그리고 특별한 기념일에 종소리를 아름답게 울리는, 호수에 떠 있는 작은 섬 아스펜(Aspen Island)의 종탑을 지난다. 지금은 공사 중이라 종소리를 들을 수 없다고 하는데 크루즈선의 가이드가 녹음한 종소리를 들려주어 실감이 났다. 시원한 바람이 상쾌하다.

아스펜의 종탑

   크루즈선에서 내려 커먼웰스 플레이스(Commonwealth Place)를 산책하였다. 크루즈 탑승지 바로 앞에 있는 공간으로 캔버라를 대표하는 사진 촬영지이다. 길게 설치해 놓은 국기 게양대에는 각국의 국기가 바람에 펄럭이고 시원한 호수가 펼쳐져 운치가 있다. 대한민국의 태극기도 바람에 힘차게 나부낀다.

커먼웰스 플레이스

이 광장의 가운데에 터널처럼 만들어진 길을 따라가니 구 국회의사당과 현재의 국회의사당이 파노라마처럼 일직선으로 펼쳐져 도시를 특색 있게 조성한 것을 느낄 수 있다.

　오스트레일리아 내셔널 보타닉 가든(Australia National Botanic Gardens)을 산책하였다. 호주 전역에서 볼 수 있는 희귀식물과 열대식물, 유칼립투스 나무, 각종 화초 등 6,000여 종의 식물이 모여 있다고 한다.

　하늘 높은 줄 모르고 높이 솟아 있는 유칼립투스(Eucalyptus)와 다양한 종류의 나무들이 산책로 주변에 어우러져 있다.

　산책로에서 고슴도치 한 마리를 만났다. 자연 속에서 자연스럽게 살아가고 있는 동물들을 자주 보게 되니 넓은 호주의 자연을 느낄 수 있다.

공원

DAY 22 | 크로아징골롱 국립공원
Croajingolong National Park
2020. 3. 2. 월

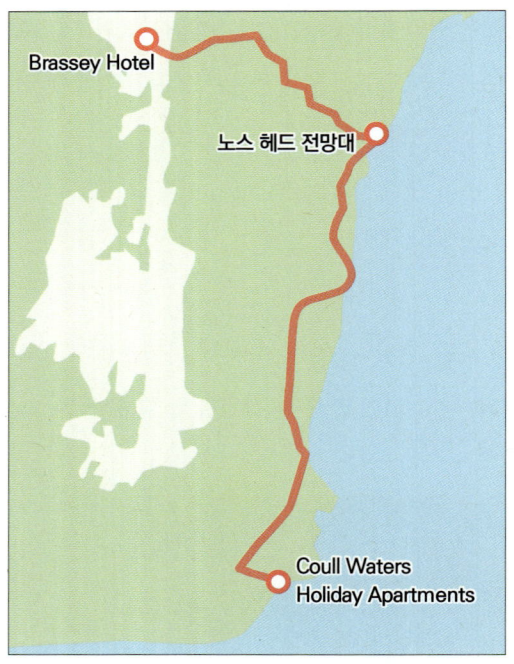

 이동 경로

Brassey Hotel(162.0km) ➡ 노스 헤드 전망대(301.0km)
➡ Coull Waters Holiday Apartments

계 463.0km

📓 여행기

    오전 8시 30분, 캔버라의 Brassey Hotel을 출발하여 빅토리아주의 노스 헤드 전망대로 향하였다. 노스 헤드 전망대까지 162km의 거리다.

    이동하는 도로 주변으로 산불에 타 버린 나무들의 모습이 이어졌다. 도로 좌우로 있는 넓은 산 전체가 모두 불에 타 버렸다. 불이 나고 오랜 시간이 지났는지 불에 탄 나무 중간중간에 새싹들이 돋아나 있었다. 나무들의 강인한 생명력이 감탄스럽다.

불에 탄 나무들

새싹

아름드리나무들이 우거진 숲속으로 이어진 포장도로가 끝나면 비포장도로가 이어진다.

비포장도로

도로는 나무들이 무성하게 우거진 깊은 산속으로 계속 들어가는데 나무들의 모양이 특이하게 생겨 무척 흥미롭다. 이곳은 인터넷도 연결이 안 되는 깊은 산골이다.

나무의 모습

비포장도로를 7km 정도 달려 오전 11시경 바닷가에 있는 노스 헤드 전망대(North Head lookout, N Head Lookout Walk)에 도착하였다.

노스 헤드 전망대

전망대는 바닷가 가장 높은 곳에 만들어져 있어 넓고 푸른 바다가 시원하게 내려다보인다. Murramarang 해안선을 따라 바닷물이 밀려와 바위에 부딪힌다.

시원한 바다

몇 사람들이 캠핑카를 세워 놓고 한가한 시간을 즐기고 있고 한 가족이 수영복을 입고 해변으로 내려가는 모습이 보인다. 주변에는 구부러진 나무들이 우거져 또 다른 삼림의 모습을 보여 주고 있다. 이곳은 국립공원에서 발급한 허가증이 있어야 캠핑을 할 수 있다.

조용한 산속에서 휴식을 취하기에 정말 좋은 장소인 것 같다. 하루쯤 이곳에서 머무르고 싶은 유혹을 느낀다.

전망대를 둘러보고 크로아징골롱 국립공원(Croajingolong National Park)으로 향하였다. 나무들이 우거진 숲속으로 도로가 이어지는데 역시 나무들이 산불로 모두 타 있었다. 호주의 대형 산불이 얼마나 심각한 것이었는지를 실감할 수 있다. 오늘은 하루 종일 산불이 난 지역을 이동한 것 같다.

산불 지역

크로아징골롱 국립공원까지 301km의 거리인데 5시간이 소요되었다. 도로가 구불구불한 데다 마을을 지날 때는 감속을 하게 되어 생각보다 시간이 많이 걸렸다.

Croajingolong 국립공원은 1979년 4월 26일에 설립되었으며 빅토리아주의 이스트 깁스랜드(East Gippsland) 지역에 위치한 해안 국립공원으로 넓이는 883.55km^{2}이다. 남태평양의 태즈만해(Tasman Sea), 벰강(Bemm River)의 서쪽, 말라 쿠타(Mallacoota)의 동쪽이 경계를 이루고 있다. 해변을 따라 공원 전체를 돌 수 있는 100km의 윌 더니스 코스트 워크(Wilderness Coast Walk)가 있다.

오늘은 크로아징골롱 국립공원 내에 있는 Coull Waters Holiday Apartments에 숙소를 정하였다. 해안가에 있는 조용한 아파트다. 바닷가 Mallacoota Boat Ramp Jetty에는 조그만 빈 배 하나가 덩그러니 떠 있다.

Mallacoota Boat Ramp Jetty

DAY 23 | 필립 아일랜드 Phillip Island
2020. 3. 3. 화

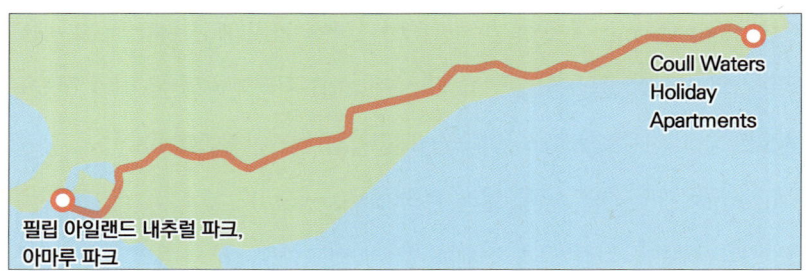

 이동 경로

Coull Waters Holiday Apartments(508km)
➡ 필립 아일랜드 내추럴 파크(0.7km) ➡ 아마루 파크 필립 아일랜드

계 **508.7km**

 여행기

　오전 8시 반에 코울 워터스 홀리데이 아파트먼트를 출발하였다. 필립 아일랜드 내추럴 파크까지 508km의 거리다. 산불로 불에 타 버린 나무들이 여전히 많이 보인다. 어제도 오늘도 이동하는 도로 주변에 산불 피해 지역의 모습이 이어진다. 130km 정도 이동할 때까지 산불 피해 지역의 모습이 보였다. 중장비를 동원하여 도로 주변의 정비 작업을 하고 있으나 피해 지역이 워낙 넓어 오랜 시간이 소요될 것 같다.

도롯가에 "honey"라는 간판이 보였다. 들러 보니 무인 판매소다. 예쁘게 만든 조그마한 공간에 벌꿀을 진열해 놓았다. 가격이 적혀 있어 필요한 만큼 돈을 함에 넣고 꿀을 가져가게 되어 있는데 농가에서 직접 운영하는 것이라 가격도 저렴하다. 서로를 믿고 무인점을 운영할 수 있는 사회가 선진사회인 것 같다.

honey

필립 아일랜드 내추럴 파크에 도착하기까지 8시간이 소요되었다. 편도 1차선 도로가 구불구불 이어져 시간이 많이 걸렸다. 도로변으로 이어져 있는 한가한 목장의 풍경이 목가적이다.

목장 풍경

마을로 접어드니 풍성하게 우거진 가로수가 우리를 반겼다.

저녁에는 필립 아일랜드 내추럴 파크(Phillip Island Nature Parks)에서 페어리 펭귄을 관찰하였다. 필립 아일랜드 내추럴 파크는 야생동물의 생태계가 그대로 보존되어 있는 자연 휴양지로 저녁나절이면 작고 귀여운 페어리 펭귄들이 바다에서 나와 집으로 돌아가는 모습을 볼 수 있다. 페어리 펭귄은 길이 30cm, 체중 1kg으로 펭귄 중 가장 작은 종이다.

관광안내소에는 펭귄에 대한 자료와 사진이 전시되어 있고 많은 관광객들이 펭귄을 보려고 몰려들어 번잡하다.

관광안내소에서 보도를 따라 해변으로 나가니 바닷가에 관람석이 넓게 만들어져 있었고 많은 사람들이 펭귄이 나타나기를 기다렸다. 파도가 크게 밀려오고 바람이 불어 무척 춥다.

바닷가 관람석

저녁 8시 반이 넘어 어둠이 내리기 시작하자 거센 파도를 타고 펭귄이 나타나기 시작했다. 한 가족인 듯 몇 마리씩 무리 지어 보도 옆에 있는 숲속으로 들어갔다. 보도 주변에는 수많은 펭귄들의 모습이 보였다. 아주 가까이서 귀여운 펭귄들의 모습을 볼 수 있어 흥미로웠다.

파도

DAY 24 | 킬다 Kilda
2020. 3. 4. 수

🚗 이동 경로

아마루 파크 필립 아일랜드(136.0km) ➡ 페닌슐라 핫 스프링스(92.7km) ➡ 벨그레이브역(54.0km) ➡ 세인트 킬다 비치(1.4km) ➡ Crest on Park

계 284.1km

📔 여행기

오전 8시 반 숙소를 출발하였다. 페닌슐라 핫 스프링스까지 136km의 거리인데 2시간이 소요되었다.

페닌슐라 핫 스프링스(Peninslar Hot Springs)는 지하 637m에서 용출되는 미네랄 온천수로 원천탕의 온도는 50℃라고 한다.

온천탕 입구부터 나무 사이로 아기자기하게 보도를 만들어 놓아 풍광이 좋다. 온천탕은 나지막한 산악 지형을 그대로 살려 층계식으로 다양한 형태의 노천탕들이 설계되어 있다. 나무숲 사이사이에 온천탕이 만들어져 있고 하나마다 다른 모양의 탕을 만들어 놓아 흥미롭다.

온천탕

정상에 있는 힐탑 탕에서는 전망이 확 트여 모닝턴 반도의 아름다운 풍광이 펼쳐진다. 나무로 뒤덮인 아름다운 자연의 모습이 경이롭다.

힐탑 탕

 온천욕을 마치고 93km를 이동하여 멜버른 외곽의 단데농 언덕에 있는 Puffingbilly의 벨그레이브역(Belgrave)에 도착하였다. 단데농 언덕(Dandenongs Ranges)은 멜버른에서 약 40km 떨어진 구릉지이자 휴양지이다.

 입구에서 계곡 사이로 만들어진 보도를 따라 내려가니 벨그레이브 역이 나왔다. 벨그레이브 역에서 시작되는 어린이 만화영화 〈토마스〉의 모델이자 100년 된 증기기관차 "퍼핑 빌리호(Puffing Billy)"를 타고 숲길을 달리는 관광을 즐길 수 있다. 벨그레이브역부터 젬브룩까지 총 13km로 6개의 역이 있으며 왕복 5시간 정도가 소요된다. 한국어로 된 안내서도 있다.

벨그레이브역

세인트 킬다 비치(St. Kilda Beach)를 산책하였다. 잘 조성된 위락시설과 아름다운 경치로 많은 사람들이 즐겨 찾는 곳이다.

해변가를 따라 방갈로가 정겹게 이어지고 루나 파크의 커다란 입구의 모습도 반갑다.

해변에는 모래사장이 넓게 펼쳐져 있고 배구장이 여러 면 만들어져 있어 많은 사람들이 배구를 하고 있다. 젊은 사람들로 활기가 넘친다.

모래사장

해변 앞으로 상가와 식당이 조성되어 있다. 상가 앞에 개와 소의 머리를 가진 사람의 형상과 두 개의 머리를 가진 코뿔소 조형물이 만들어져 있어 흥미롭고, 식당에는 많은 사람들이 저녁 시간을 즐기고 있다.

조형물

　해 질 녘의 해변은 붉은빛으로 물든 바다와 세인트 킬다 부두의 모습이 한 폭의 그림처럼 아름답다고 하는데 오늘은 날씨가 흐려 좋은 풍광을 볼 수 없어 아쉽다.

DAY
25 | 멜버른 Melbourne
2020. 3. 5. 목

🚗 **이동 경로**

Crest on Park(5.8km) ➡ 킹스 도메인(0.6km) ➡ 빅토리안 아트 센터(1.6km) ➡ 야라강 크루즈(5.2km) ➡ 나이츠브리지 아파트먼트

계 13.2km

 **여행기**

멜버른(Melbourne)은 호주에서 두 번째로 큰 도시이며 호주의 문화와 교육의 중심지로 "남반구의 런던"이라고 한다.

아침에 일어나니 비가 내린다. 숙소를 출발하여 킹스 도메인(Kings Domain)으로 향하는데 도로가 많이 정체된다. 출근 시간이라 차가 더 많이 밀린다.

킹스 도메인에 도착하였는데 이슬비는 계속 내렸다. 킹스 도메인은 야라강을 끼고 시티의 남쪽으로 넓게 형성된 공원이다.

킹 조지 5세의 동상이 우뚝 서 있고 나무들이 싱싱하게 잘 우거져 아름답다.

킹스 도메인

1만 명을 수용할 수 있다는 시드니 마이어 야외음악당이 보이고 초대 총독관저인 라 트로브 저택도 보이는데 문이 굳게 닫혀 있다.

 킹스 도메인과 연결되어 있는 퀸 빅토리아 가든(Queen Victoria Gardens) 앞에 있는 커다란 해시계의 시곗바늘이 한 눈금씩 돌아가고 있다.

해시계

 퀸 빅토리아 가든 앞 도로 건너에 빅토리안 아트 센터(Victorian Arts Centre)가 있다. 퍼포밍 아트 뮤지엄과 콘서트홀, 극장 등이 독립된 건물들로 구성되어 있어 무척 웅장한 모습이다.

 빅토리아 아트 센터 정문은 물이 흘러내리도록 설계되어 있어 특이하다. 홀을 지나 안으로 들어가자 커다란 조형물이 시선을 압도한다. 남자가 여자 한 사람을 들고 있는 모양의 조형물이다.

아트 센터는 누구나 무료로 관람할 수 있는데 전시된 작품이 무척 많다. 이집트 작품들도 전시되어 있고 그림과 도자기 종류 등 전시물의 종류가 다양하다. 무척 넓은 공간으로 만들어진 하나의 전시실에는 전시실 전체를 그림으로 꽉 채워 놓아 온통 그림 세상을 만들어 놓았다.

전시된 작품

아트 센터 뒤편에는 하얗고 뾰족한 철탑이 세워져 있는데 밤에는 조명을 해 놓아 아름다운 멜버른의 야경을 보여 준다고 한다.

철탑

　야라강 크루즈(Yara River Cruise)를 탑승하기로 하였는데 최근 비가 많이 와서 야라강의 수위가 높아 운영하지 않는다고 하여 많이 아쉽다.

DAY 26 | 멜버른 Melbourne
2020. 3. 6. 금

🚗 이동 경로

나이츠브리지 아파트먼트(3.2km) ➡ 멜버른 수족관(1.8km)

➡ 페더레이션 광장(1.6km) ➡ 세인트 폴 대성당(1.6km)

➡ 플린더스 스트리트 역(0.6km) ➡ 타운 홀(0.7km) ➡ 차이나타운(2.2km)

➡ 유레카 스카이덱(3.4km) ➡ 나이츠브리지 아파트먼트

계 15.1km

📔 여행기

  오전 10시 멜버른 수족관(Melbourne Aquarium)에 도착하였다. 입구에는 아침부터 많은 사람들이 문을 열기를 기다리고 있다.

멜버른 수족관은 멜버른에서 가장 크고 현대적인 수족관으로, 지하 2층, 지상 2층으로 되어 있으며 수족관 안에는 1번부터 15번까지 번호를 적어 놓아 순서대로 관람하기 좋게 되어 있다.

다양한 물고기들을 종류별로 구분해 놓았다. 해파리들이 그림자처럼 움직이고 무척 큰 가오리들이 유리 돔 사이를 자유롭게 돌아다니고 있다. 물고기에게 먹이 주는 장면이 신기했다.

열대어

해파리
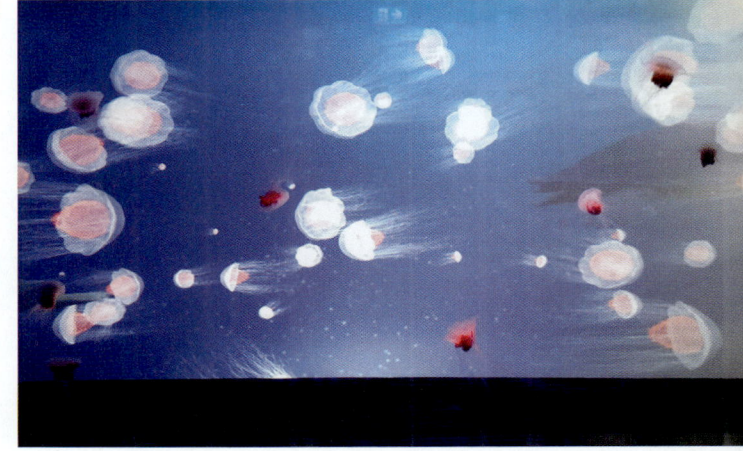

펭귄들을 모아 놓은 아이스 관에는 많은 펭귄들이 모여 있고 물속에서 펭귄들이 부지런히 헤엄치고 있는 장면이 흥미롭다.

펭귄

페더레이션 광장(Federation Square)을 산책하였다. 멜버른의 문화 중심지로 플린더스 스트리트에서 시작된 광장은 야라강과 맞닿아 있어 시민들의 휴식처로 이용되고 있다. 광장에는 웅장하게 지어진 건축물들이 들어차 있고 많은 사람들이 몰려 있어 활기에 차 보인다.

페더레이션 광장

광장 바로 옆에 세인트 폴 대성당이 있다. 세인트 폴 대성당(St. Paul's Cathedral)은 19세기 고딕 양식의 성공회 대성당으로 멜버른에 있는 성당 중 제일 아름답다고 한다.

성당 안에 있는 제대화는 예수님의 십자가 죽음과 최후의 만찬을 그려 놓았고 성당 왼쪽 벽에는 한국전쟁에 관한 내용이 기록되어 있다. 지금은 성당의 사순절 기간이므로 사순절 준비에 바쁜 모습이다.

세인트 폴 대성당

성당 바로 앞에 플린더스 스트리트 역(Flinders Street Station)이 있다. 1854년 호주 최초의 기차가 증기를 뿜으며 출발한 곳으로 이 건물은 플린더스 거리의 절반 가까운 공간을 차지하는 길고 중후한 건축물이다. 런던의 세인트 바오로 성당을 본떠서 지었다는 돔 양식의 지붕과 시계탑이 웅장하다.

플린더스 스트리트 역

성당 부근에 타운 홀(Melbourne Town Hall)이 있다. 건물이 무척 크고 웅장하며 꼭대기에는 시계가 설치되어 있다. 홀 안에 남반구에서 가장 큰 1만 개의 파이프가 있는 로맨틱한 파이프 오르간이 설치되어 있다고 한다. 가이드 투어는 매주 수요일 오전 11시와 오후 1시에 있다고 하여 내부는 관람하지 못하여 아쉽다.

타운 홀

차이나타운

　차이나타운(China Town)을 둘러보았다. 호주에 있는 차이나타운 중 가장 큰 규모이다. 한국 식품점 E-Mart Grocery는 멜버른 시티에서 가장 싸게 한국 식품을 구입할 수 있는 곳이라고 한다. 김치, 라면, 과자, 햇반, 주류 등 한국 식품들이 골고루 진열되어 있다.

　유레카 스카이덱(Eureka Skydeck)에 올랐다. 사우스뱅크에 우뚝 솟은 유레카 스카이덱은 88층에 있는 전망대이다. 멜버른 시내의 모습이 아름답다. 무척 넓은 자리를 차지하고 있는 플린더스 스트리트 역에서 여러 대의 기차가 동시에 들어오고 나가는 모습이 선명하게 보이고 멜버른 도심의 외곽으로 이어진 나지막한 주택가까지 한눈에 들어와, 아름답게 조화되어 있는 멜버른의 모습을 볼 수 있다.

전망대 한편에 스카이덱 에지가 만들어져 있는데 사방이 유리로 된 공간이 건물 밖으로 돌출된 구조로 말 그대로 유리에 둘러싸인 채 공중에 떠 있는 형상이다. 한국어 안내서가 있어 각 방향에 있는 건축물들을 찾아 보는 재미도 쏠쏠하다.

멜버른 시내

DAY 27 | 멜버른 Melbourne
2020. 3. 7. 토

🚗 **이동 경로**

나이츠브리지 아파트먼트(2.8km) ➡ 주립도서관(2.8km)
➡ 멜버른 스타(5.4km) ➡ 멜버른 동물원(3.5km)
➡ 멜버른 박물관과 아이맥스 영화관(2.8km) ➡ 나이츠브리지 아파트먼트

계 17.3km

📖 여행기

오전 10시 주립도서관(State Library of Victoria)에 도착하였다. 1856년 개관한 호주에서 가장 오래된 도서관이며 빅토리아 주에서는 최대 규모이다. 건물의 외관이 무척 웅장하다.

도서관 입구로 들어가니 한국인 가이드가 도서관의 내부에 대해 설명해 준다. 한국인 유학생으로 봉사활동을 하고 있다고 한다.

도서관 6층으로 올라가니 열람실 지붕을 덮고 있는 팔각형 돔이 가까이 보이는데 무척 아름답게 건축되어 있다. 아래층 열람실이 내려다보이는데 열람석에 조명을 해 놓아 무늬를 수놓은 것처럼 아름답게 보였다.

천장

열람석

2층에는 여러 가지 자료를 전시하고 있다. 새, 곤충, 꽃, 나무 등에 관한 자료를 기록한 책과 사진 등을 종류별로 구분해서 전시해 놓았다.

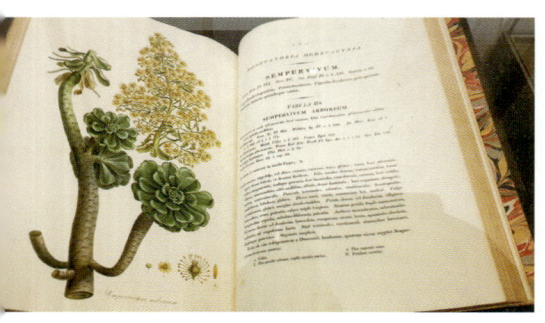

전시물

멜버른 스타

멜버른 스타(Melbourne Star)에 탑승하였다. 거대한 대관람차로 지구상에서 4번째로 높은 관람차라고 한다.

관람차가 한 바퀴를 도는 데 30분이 소요된다. 관람차가 서서히 올라가면서 주변의 아름다운 풍광이 펼쳐진다. 멜버른 도심의 고층 빌딩과 주택가의 모습, 조그만 항구의 모습과 아름답게 건축된 다리의 모습이 보였다.

멜버른 도심

멜버른 동물원(Melbourne Zoo)을 관람하였다. 1862년에 개장한 세계에서 세 번째로 오래된 동물원으로, 천 마리 이상의 동물들이 사육되고 있다고 한다.

동물의 종류에 따라 여섯 구간으로 구분해서 동물들을 사육하고 있다. 이 동물원은 우거진 나무숲 속 넓은 공간에 구획을 만들어 동물들을 사육하고 있어 마치 아프리카 밀림에서 야생으로 살아가고 있는 듯한 분위기다. 사자, 호랑이, 얼룩말, 코끼리, 타조, 원숭이, 들개, 침팬지, 하마 등 다양한 동물과 각종 새 등이 사육되고 있고 나비 온실에는 수많은 나비들이 날아다니고 있다.

호랑이

나비 온실

호주 일주 상
Australia

멜버른 박물관과 아이맥스 영화관(Melbourne Museum & IMAX)을 관람하였다. 멜버른 박물관은 남반구에서 가장 큰 박물관으로 16,000평이며 세계에서 가장 선진화된 박물관 중 하나라고 한다. 박물관 건물이 무척 크고 웅장했다. 아이맥스 영화관이 같이 붙어 있어 더욱 커 보인다.

입구로 들어가자 무척 큰 고래를 복원해서 전시해 놓았고 여러 가지 공룡도 복원해서 전시해 놓았다. 동물을 무척 많이 전시해 놓아 마치 동물 전시장 같다.

박물관 바로 옆에 왕립박물관이 있다. 넓은 공간에 웅장한 건물이 우뚝 서 있고 지붕 꼭대기에는 국기가 바람에 힘차게 펄럭이고 있다.

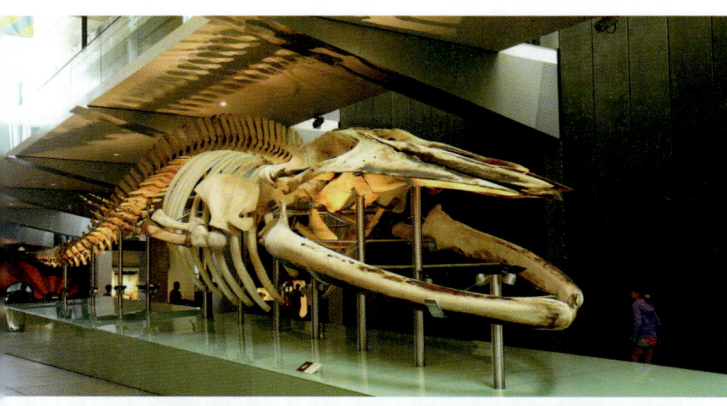
고래

공룡

DAY 28 | 멜버른 Melbourne
2020. 3. 8. 일

🚗 이동 경로

나이츠브리지 아파트먼트(1.8km) ➡ 세인트 패트릭 성당(0.8km)

➡ 주 의사당(1.0km) ➡ 쿡의 오두막(8.1km) ➡ Spirit of Tasmania 여객선 터미널

계 11.7km

📓 여행기

　오전 9시 세인트 패트릭 대성당(St. Patricks Cathedral)에서 주일 미사를 참례하였다. 이 성당은 세계에서 가장 훌륭한 고딕 양식의 건축물

가운데 하나로 1897년 10월 착공에서 완공까지 76년이 걸렸으며 지금 같은 뾰족탑이 완성된 것은 그로부터 40년이 지난 후라고 한다. 성당이 무척 크고 세 개의 뾰족탑이 매우 인상적이다.

세인트 패트릭 대성당

성당 주변에는 조경을 잘해 놓았고 성인들의 동상이 곳곳에 세워져 있다. 성 마리아 맥킬롭(Saint Mary of Cross Mackillop, 1842~1909)의 동상이 눈에 띄었다. 제대 옆에는 무척 큰 파이프 오르간이 설치되어 있고 성당 뒷면의 스테인드글라스가 무척 아름답다.

주 의사당

주 의사당(Parliament)을 둘러보았다. 캔버라가 정식 수도로서의 역할을 하기 전 26년 동안 연방의회 의사당으로 사용되던 건물로, 1926년부터는 빅토리아의 주 의사당으로 사용하고 있다. 주 의사당 건물의 일부는 공사 중이라 가림막으로 가려 놓았다.

쿡의 오두막(Fitzroy Gardens & Captain Cook's Cottage)에 들렀다. 피츠로이 공원의 가운데에 있는데 호주 대륙을 발견한 쿡 선장의 부모들이 살았던 집으로 멜버른시 100주년 기념사업의 하나로 영국의 요크셔 지방에서 옮겨 왔다.

쿡의 오두막

오두막 앞에는 무척 큰 보호수 한 그루가 위용을 자랑하고 서 있으며 공원에 나무가 많이 우거져 경치가 아름답다. 오두막 입구에 쿡 선장의 동상이 세워져 있다.

쿡 선장의 동상

　오후 4시 멜버른 시내 관광을 마치고 Spirit of Tasmania 여객선 터미널(Station Pier)에 도착하였다. 태즈메이니아주의 데번포트로 가는 여객선을 타기 위해서다. 여객선 터미널 앞에는 데번포트로 가는 여객선을 타려는 자동차의 행렬이 길게 이어져 무척 복잡하다.

　여객선에 자동차를 싣고 가려면 보안 검사를 받아야 한다. 과일이나 채소 등 제한 물품은 가지고 갈 수 없다. 보안 검사를 통과하고 차량에 승차한 채로 진행하여 검표원에게 예약증을 제출하고 예약한 방의 번호가 적인 키를 받아 여객선에 승선하게 된다. 주변이 복잡하고 여객선 승선권 매표소가 일반 승객용과 나누어져 있어 배를 타기까지 거의 한 시간이 소요되었다.

　여객선이 무척 크다. 600여 대의 차량과 1,300명의 승객을 태울 수 있는 10층짜리 여객선이다. 식당, 게임 룸, 어린이 놀이시설까지 갖추고 있다.

오후 7시 반 여객선은 부두를 출발하였다. 태즈메이니아주의 데번포트까지 437km로 10시간이 소요된다. 서산에 해가 지고 있다. 붉은 노을이 바다에 길게 드리워진다. 다소 거친 바람 속을 여객선은 유유히 달린다.

Spirit of Tasmania

DAY 29 | 데번포트 Devonport, 론체스톤 Launceston, 비체노 Bicheno
2020. 3. 9. 월

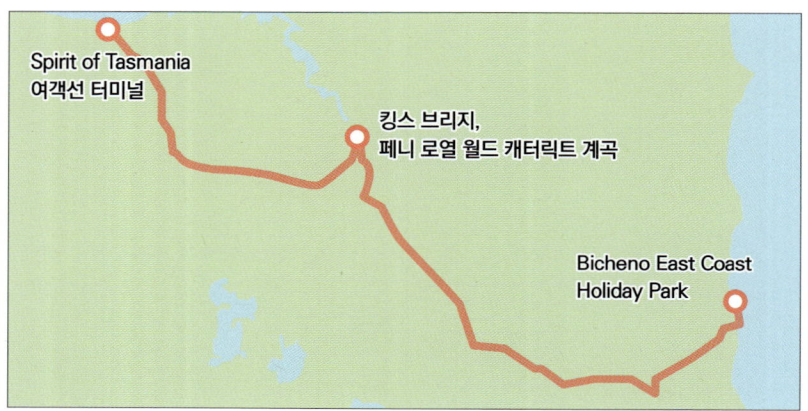

 **이동 경로**

Spirit of Tasmania 여객선 터미널(99.4km) ➡ 킹스 브리지(0.3km) ➡ 페니 로열 월드(2.8km) ➡ 캐터릭트 계곡(160.0km) ➡ Bicheno East Coast Holiday Park

계 262.5km

 **여행기**

　어제저녁 멜버른을 출발한 배는 아침 5시 30분에 태즈메이니아(Tasmania)주의 데번포트 Spirit of Tasmania 터미널에 도착하였다. 아직 날이 밝지 않아 어둡다.

태즈메이니아(Tasmania)**주**는 호주 대륙과는 다른 자연과 문화가 살아 있는 곳이다. 호주의 8개 주 중에서 가장 작으면서도 가장 독립된 자치주이다. 넓게 펼쳐지는 목초지와 구릉, 푸른 바다, 세계 어느 곳에서도 볼 수 없는 동물들과 변화무쌍한 자연이 있는 보물섬이다.

데번포트(Devonport)는 태즈메이니아주 북서쪽에 위치한 아름다운 항구도시로 시드니와 멜버른에서 페리(Sprit Of Tasmania)를 이용하여 많은 사람들이 방문하고 있다. 머지강과 돈강에 둘러싸인 도시로 약간 언덕이어서 높은 곳으로 갈수록 전망이 좋아진다. 언덕을 올라가면 동화 속 마을처럼 평화로워 보이는 주택가 너머로 멀리 배스 해협까지 탁 트인 풍경이 무척 아름답다. 멜버른(10시간 소요)과 시드니(7시간 소요)에서 600여 대의 차량과 1,300명의 승객을 태울 수 있는 유람선이 운항되고 있다.

여객선 터미널에서 출발하여 어두운 밤길을 달린다. 주변에 머무를 곳이 없으니 이동할 수밖에 없다. 론체스톤의 킹스 브리지까지 100km의 거리로 도로는 제한 속도가 110km이나 구불구불한 편도 1차선 도로가 이어져 조심스럽다. 여객선이 너무 이른 시간에 항구에 도착하니 난감하기도 하다. 한국의 해장국이 그립다.

오전 7시 40분경 론체스톤의 킹스 브리지(King's Bridge)에 도착하였다.

론체스톤(Launceston)은 태즈메이니아주 동북부의 중심도시로 시드니, 호바트에 이어 호주에서 세 번째로 오래된 도시다. 시내 곳곳에 울창한 숲이 형성되어 있으며 영국풍의 오래된 건물들이 도시의 분위기를 우아하고 여유롭게 만들고 있다.

킹스 브리지는 옛 모습 그대로 보존되어 있는 나지막한 반원형 다리다. 다리 주변에는 웅장한 바위들이 갖가지 모양의 아름다운 풍광을 보여 주고 있다. 강 아래로는 킹스 파크가 이어진다.

킹스 브리지

계곡

킹스 파크(King's Park)는 론체스톤 시내를 감싸고 흐르는 강을 돌아보는 타마강 크루즈가 시작되는 곳으로 파란 바다와 하얀 요트, 끝없이 펼쳐진 녹색 잔디가 있는 공원이다.

킹스 브리지와 킹스 파크 중간에 페니 로열 월드(Penny Royal World)가 있다. 개척 시대의 마을 모습을 재현해 놓은 민속촌으로 절벽 위 공중에 산책로를 만들어 놓아 보기만 해도 아찔하다.

페니 로열 월드

캐터릭트 계곡(Cataract Gorge)을 관광하였다. 입구는 나지막한 구릉을 이용해 잔디 공원이 만들어져 있어 시원해 보였다. 베이슨 체어리프트를 타니 발아래로 계곡의 아름다운 모습과 퍼스트 베이슨 호수가 한눈에 내려다보였다.

계곡으로 이어진 산책로를 산책하였다. 아기자기한 바위산들의 모습이 이어진다. 계곡 위에 만들어진 전망대에 오르니 넓은 계곡의 모습이 시원하게 펼쳐진다.

캐터릭트 계곡

계곡 관광을 마치고 비체노로 출발하였다. 비체노까지 160여 km이다. 도로는 나무숲 속으로 구불구불 이어진다. 울창한 나무숲이 너무나 아름답다.

Devils Corner 농장 표지판이 보여 잠시 휴식을 했다. 넓은 초원이 푸르름으로 다가온다.

오후 3시경 비체노에 도착하여 숙소 바로 앞에 있는 웝스 비치(Waubs Beach)를 산책하였다. 푸른 바다가 시원스럽다.

푸르름

웝스 비치

DAY 30 | 와인글라스 비치 Wineglass Beach
2020. 3. 10. 화

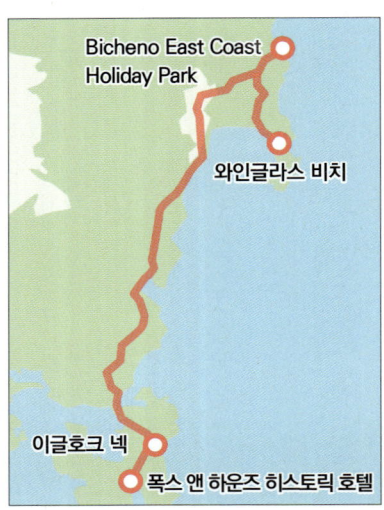

 이동 경로

Bicheno East Coast Holiday Park(42.7km) ➡ 와인글라스 비치(186.0km) ➡ 이글호크 넥(17.3km) ➡ 폭스 앤 하운즈 히스토릭 호텔

계 246.0km

 여행기

오전 9시 반 숙소를 출발하여 43km 정도 떨어져 있는 와인글라스 베이(Wineglass Bay) 주차장에 도착하였다. 주차장에는 와인글라스 베이를 산책하는 사람들의 차량으로 가득했다.

주차장에서 와인글라스 비치(Wineglass Beach)까지 주변을 한 바퀴 도는 산책로가 만들어져 있어 가족과 함께 등반하려는 사람들이 무척 많다. 주변을 한 바퀴 산책하는 데 4시간 정도가 소요된다.

　와인글라스 베이 전망대(Wineglass Bay Lookout)까지 등반을 하였다. 1.5km 정도의 거리다. 오솔길을 따라 나무 숲속으로 산책로가 만들어져 있어 기분이 상쾌했다.

　20분 정도 올라가니 콜스 베이 전망대(Coles Bay Lookout)가 나오고 콜스 베이의 전경이 시원하게 내려다보인다. 바위산과 어울린 콜스 베이가 아름답다.

콜스 베이 전망대

가끔씩 쉼터 의자가 있어 쉬어 가는 여유가 있어 좋다. 거대한 바위 사이로 이어진 등산로가 등산의 묘미를 느끼게 한다.

쉼터 의자

와인글라스 비치로 넘어가는 고갯마루에 와인글라스 베이 전망대가 있다. 와인 잔처럼 둥그렇게 생긴 와인글라스 베이가 그림처럼 펼쳐졌다. 주변 산에는 기묘한 바위들이 전시장처럼 펼쳐져 있어 주변 경치가 무척 아름답다.

전망대

와인글라스 베이 전망대에서 내려가 이글호크 넥(Eaglehawk Neck)으로 향하였다. 186km의 거리인데 조그마한 산도 넘고 구불구불한 도로가 이어진다. 도로를 일부러 곡선으로 만들었는가 싶을 정도로 직선도로가 거의 없어 이동시간이 무척 많이 걸린다.

와인글라스 베이

이글호크 넥(Eaglehawk Neck)은 지형이 독수리의 목처럼 기다랗다고 해서 이름 지어졌다. 옛날에 포트 아서에서 탈출한 죄수들이 이곳을 통과하지 못하고 모두 체포되었다고 하는 곳이다.

이글호크 넥에는 조그만 박물관이 하나 있다. 박물관은 나무판자로 지은 조그만 집이다. 벽에는 옛날 이곳에 관한 자료들이 붙어 있고 방은 옛날에 사용하던 낡은 벽이 그대로 남아 있다.

독수리의 목에 해당하는 장소에는 건물도 지어지고 호수까지 이어지는 보도가 길게 이어진다.

박물관

DAY 31 | 호바트 Hobart
2020. 3. 11. 수

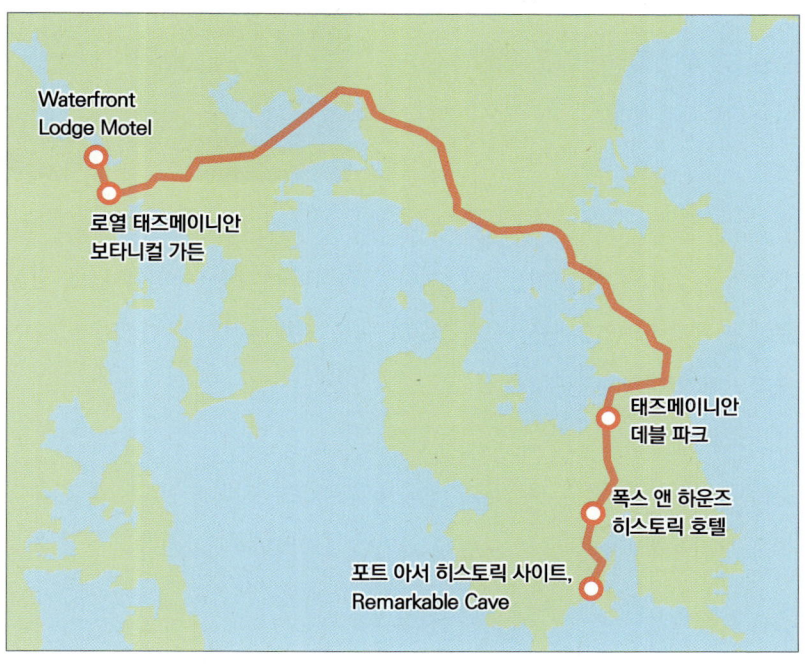

🚗 이동 경로

폭스 앤 하운즈 히스토릭 호텔(2.6km) ➡ 포트 아서 히스토릭 사이트(7.3km) ➡ Remarkable Cave(16.4km) ➡ 태즈메이니안 데블 파크(80.2km) ➡ 로열 태즈메이니안 보타니컬 가든(3.5km) ➡ Waterfront Lodge Motel

계 110.0km

📔 여행기

숙소를 출발하여 나무가 우거진 산길을 따라 오전 9시 포트 아서 히스토릭 사이트(Port Arthur Historic Site)로 향했다. 나무가 우거진 호젓한 산길이 정겹다.

산길

아서 히스토릭 사이트는 슬픈 역사를 간직하고 있는 유형장 터로 입장료에는 갤러리와 30개가 넘는 건물의 내부 견학, 워킹 투어, 크루즈 등이 포함되어 있다.

이른 아침부터 많은 사람들이 견학을 하려고 대기하고 있다. 옛날 유형장으로 사용하던 건물들의 모습이 보인다. 삭막한 분위기이다.

히스토릭 사이트

Remarkable Cave를 보러 갔다. 해안가 서쪽 끝에 있는 조그만 동굴이다. 동굴 입구에는 Maingon Bay Lookout이 만들어져 있다. 푸른 바다가 시원스럽게 펼쳐진다.

　계단을 따라 내려가니 동굴이 나오고 바닷물이 밀려와 동굴 안으로 크게 출렁였다. 바다에서 파도가 밀려와 동굴 안에서 부서지는 광경이 참으로 장관이다.

동굴

시원한 바닷바람을 쏘이고 태즈메이니안 데블 파크(Tasmanian Devil Park)를 관광하였다. 태즈메이니아에만 사는 야생동물 태즈메이니안 데블을 만날 수 있는 곳이다.

데블은 조그만 나무상자로 만든 집 안에서 잠을 자고 있다. 먹이 주는 시간이 되어 직원이 먹이를 끈에 묶어 흔들자 부지런히 뛰어나와 끈에 묶여 있는 먹이를 놓치지 않고 집요하게 물고 뜯어 먹었다.

데블

Cage에게도 먹이를 준다. Cage는 토끼보다 조금 큰 몸집인데 먹이로 옥수수를 준다. 잘못하면 멸종할 수 있는 희귀종이라고 한다.

Cage

캥거루에게도 먹이를 준다. 새들도 먹이를 받아먹으려고 모여든다. 희귀종인 야생 매와 올빼미, 그 밖의 조류도 볼 수 있다.

먹이 주기

데블의 묘지도 따로 만들어 놓았다. 여기는 데블에 대하여 특히 많은 자료를 가지고 있는 것 같다.

태즈메이니안 데블 파크 관광을 마치고 호바트로 이동하였다. 호바트까지 80km의 거리다.

호바트(Hobart)는 호주에서 두 번째로 오래된 도시이며 호주 대륙의 가장 남쪽에 있는 도시로 앞쪽으로는 드웬트강이 흐르고 뒤쪽으로는 웰링턴 산이 병풍처럼 도시를 두르고 있는 항구도시이다. 유럽 대륙에서 유배당한 죄수 중에서 사형수나 무기수들이 수감되었던 유형지로 사암으로 만든 고풍스러운 건물들은 대부분 죄수의 손으로 지은 것이다.

　오후 4시경 호바트에 있는 로열 태즈메이니안 보타니컬 가든(Royal Tasmanian Botanical Gardens)에 도착하였다. 6천 종이 넘는 식물들을 보유하고 있는 곳이다.

　이 지역에서 자생하는 식물을 모아 둔 온실과 태즈메이니아 숲을 재현해 놓은 펀 하우스도 있고 일본 정원과 프랑스 정원, 식용 작물 가든, 허브 가든, 장미 가든 등으로 구분되어 있으며 곳곳에 여러 가지 꽃들을 심어 정원이 참으로 아름답다. 사람 몸체만 한 커다란 호박이 탐스럽게 열려 있다.

　파란 물감을 뿌려 놓은 듯 푸른 하늘 아래 잘 가꾸어 놓은 나무와 꽃 사이를 산책하니 기분이 너무 상쾌하다. 맑고 깨끗한 호주의 자연이 느껴진다.

로열 태즈만 보타니컬 가든

DAY 32 | 호바트 Hobart
2020. 3. 12. 목

🚗 이동 경로

Waterfront Lodge Motel(3.9km) ➡ 퀸스 도메인(1.9km)
➡ 태즈메이니아 박물관과 아트 갤러리(0.5km) ➡ 컨스티튜션 독(0.6km)
➡ 살라망카 플레이스(6.0km) ➡ Waterfront Lodge Motel

계 12.9km

🔖 여행기

오전 9시 숙소에서 출발하여 퀸스 도메인(Queen's Domain)을 산책하였다. 퀸스 도메인은 호바트에서 가장 지대가 높아서 시내를 한눈에 내려다볼 수 있는 낮은 야산이다. 드라이브 코스도 잘 정비되어 있어 정상까지 차량으로 올라갈 수 있다.

호바트 시내

정상으로 오르는 입구 주변에 잔디 구장이 펼쳐져 있어 사람들이 조깅도 하고 산책도 하고 있다. 정상에 오르니 멀리 마운트 웰링턴을 배경으로 서 있는 태즈만 다리와 호바트 시내의 모습이 그림처럼 펼쳐진다.

태즈만 다리

산책로를 따라 양쪽에 기념수를 심고 나무 밑에 추모판을 하나씩 만들어 놓고 추모자의 인적 사항을 적어 놓았다. 제1차 세계대전에서 전사한 사람들을 추모하기 위하여 만들었다고 하는데 모두 532개라고 한다.

추모판

태즈메이니아 박물관

타운 홀

태즈메이니아 박물관과 아트 갤러리(Tasmania Museum & Art Gallery)를 관람하였다. 박물관 겸 갤러리이다. 박물관 앞에는 타운 홀(Town Hall)이 육중한 모습으로 자리하고 있다.

　박물관에는 태즈메이니아의 자연을 직접 체험할 수 있도록 동물과 새의 박제를 많이 만들어 전시해 놓았다. 식물의 모형과 화석, 광물 등도 많이 전시되어 있고 그림도 많이 전시되어 있다.

전시품

아트 갤러리에는 도자기와 그림이 종류별로 구분해서 전시되어 있다. 무료로 관람할 수 있는데 전시품들이 다양하고 내용이 충실하다. 2층, 3층에는 조그만 작업실들이 만들어져 있다.

전시품

컨스티튜션 독

컨스티튜션 독(Constitution Dock)을 둘러보았다. 부둣가를 따라 고풍스러운 건물들이 들어서 있다. 부두에는 대형 크루즈 선이 정박해 있고 요트들이 나란히 정박해 있다. 출퇴근 시간에는 컨스티튜션 독이 열렸다가 닫힌다고 한다. 해변가에 만들어 놓은 물고기와 동물들의 조각상들이 아주 독특해 보인다.

〈발자국〉이라는 작품이 인상적이었다. 1803~1853년 1,300명의 여성 수감자와 2,000명의 어린이들이 이곳으로 이송된 것을 기억하기 위한 작품이라고 한다.

작품 〈발자국〉

살라망카 플레이스(Salamanca Place) 주변을 관광하였다. 항구를 따라 형성된 일종의 창고 촌으로 1835~1836년에 세워졌다고 한다. 길게 지어진 상가에는 갤러리, 부티크, 그림 전시장, 기념품 가게 등이 이어져 있다.

살라망카 플레이스 중간에 있는 골목으로 들어가면 살라망카 스퀘어(Salamanca Square)가 나온다. 광장 가운데에 분수가 시원스럽게 뿜어져 나오고 분수대를 중심으로 가게들과 레스토랑이 늘어서 있다.

살라망카 플레이스 한편의 골목으로 들어가면 켈리 스텝스(Kelly Steps)라는 180년 전에 만든 계단이 나오는데 지금도 사람들이 많이 오르내리고 있는 계단이다.

살라망카 플레이스

살라망카 플레이스 동쪽 끝에는 주 의사당 건물(Parliament House)이 있다. 호바트에서 가장 오래된 건물 중 하나로 건물 앞에 넓은 잔디밭이 펼쳐져 있어 시원스럽다.

살라망카 스퀘어

DAY 33 | 호바트 Hobart
2020. 3. 13. 금

🚗 이동 경로

Waterfront Lodge Motel(6.6km) ➡ 배터리 포인트(10.8km) ➡ 쇼트 타워(16.7km) ➡ Waterfront Lodge Motel

계 **34.1km**

📖 여행기

아침부터 이슬비가 내렸다. 비가 내려도 오늘의 일정은 진행한다.

오전 9시 반경 배터리 포인트(Battery Point)에 도착하였다. 이곳은 1804년 호바트에서 최초로 형성된 주거지역이다. 사거리 주변으로 고급 주택들이 들어서 있다. 이들 중 40여 개의 건물들은 당시의 건물을 아직도 그대로 사용하고 있는 것이라고 한다.

배터리 포인트

바닷가 쪽으로 언덕을 조금 내려가면 급경사 내리막 도로가 나온다. 멀리 샌디 베이의 모습이 나타나고 급경사 내리막 도로 아래로 샌디 베이와 연결된다.

급경사 내리막 도로를 내려가면 바닷가에 "1909"라고 써진 커다란 입간판이 세워져 있다. 1909년 Hollywood Actor인 Errol Flynn이 이곳에서 태어났다는 설명이 되어 있다.

샌디 베이

샌디 베이(Sandy Bay)는 드웬트강(River Derwent)이 태즈만해로 흘러 들어가는 길목에 위치한 항구다. 수많은 요트가 가지런히 정박해 있고 언덕 위에는 나무숲 사이로 보이는 주택들의 모습이 아름답다.

쇼트 타워(Shot Tower)를 관람하였다. 1870년 세워진 이 타워는 탄환 제조를 위해 세운 타워이다.

쇼트 타워

타워 입구로 들어가니 타워에 대한 영상이 나오고 옛날에 사용하던 재봉틀과 타워의 역사에 관한 자료가 전시되어 있다.

이 탑의 꼭대기에서 아래의 물웅덩이를 향해 철 한 방울을 떨어뜨리면 철이 떨어지면서 생긴 공기저항으로 둥근 모양의 탄환을 얻을 수 있었다고 한다.

탄환

빙글빙글 돌아가면서 만들어진 282개의 나무 계단을 올라가니 타워 꼭대기에 전망대가 있다. 전망대 아래로 River Derwent의 푸른 물결이 시원스럽게 펼쳐져 있다.

비는 계속 내린다. 모처럼 한가한 오후 시간을 보낼 수 있어 여유가 느껴진다.

나무 계단

전망

DAY 34 | 크레이들 마운틴 Cradle Mountain
2020. 3. 14. 토

 이동 경로

Waterfront Lodge(175.0km) ➡ 레이크 세인트 클레어(200.0km)
➡ 크레이들 마운틴 관광안내소(0.5km) ➡ Discovery Parks Cradle Mountain

계 375.5km

 여행기

오전 7시 반 Waterfront Lodge Motel을 출발하여 레이크 세인트 클레어로 향하였다. 서부를 관통하는 A10번 도로를 따라 이동했다. 고개를 하나 넘어가니 거대한 송유관이 산을 넘었다.

레이크 세인트 클레어까지 175km의 거리로 산도 넘고 황무지 같은 지역도 지난다. 도로에 차량은 많지 않으나 도로가 구불구불 이어져 신경이 많이 쓰였다.

오전 10시경 레이크 세인트 클레어(Lake Saint Clair)에 도착하였다. 이곳은 Cradle Mountain을 등반하는 Overland Track의 시발점이라 관광안내소에는 Cradle Mountain을 등반하려는 사람들로 북적인다.

관광안내소에서 나무숲 길을 따라 들어가니 호수가 나왔다. 이 호수는 호주에서 가장 깊은 호수라고 한다. 시원스럽게 펼쳐진 호수에 안개가 자욱하다.

호수

레이크 세인트 클레어를 둘러보고 크레이들 마운틴을 향하여 출발하였다.

크레이들 마운틴까지 200km의 거리다. 황무지와 우거진 삼림을 지난다. 산도 서너 개 넘게 되는데 여기는 터널을 만들지 않고 산의 지형에 따라 만든 도로가 구불구불 이어져 운전하기에 힘은 드나 나무가 우거진 산속의 맑은 공기를 마시며 즐거운 여행길이다.

크레이들 마운틴에 가까워지면서 Rocky Mount Lookout이 나온다. 도로에서 산으로 200m를 올라가니 각 방향을 나타내는 이정표가 표시된 동판이 새겨져 있다. 멀리 크레이들 마운틴의 모습이 아스라이 보인다.

전경

오후 3시경 크레이들 마운틴 관광안내소(Cradle Mountain Visitor Centre)에 도착하였다. 관광안내소 건물은 특이한 모습이었고 크레이들 마운틴(Cradle Mountain)을 등반하려는 사람들이 줄을 서서 상담을 하고 있었다.

크레이들 마운틴 관광안내소

이곳은 태즈메이니아섬에서 가장 높은 **마운트 오사**(Mt. Ossa 1,617m)를 비롯하여 트레킹 코스로 유명한 **크레이들 마운틴**(Mt. Cradle, 해발 1,545m)이 하늘 높이 솟아 있으며 산과 산 사이에는 도브 호수가 있다.

크레이들 마운틴을 등반하는 코스가 여러 개 있다. 크레이들 마운틴(Cradle Mountain)을 조망하기에 좋은 Marions Lookout을 등반하려고 하였으나 3시간 이상이 소요되므로 시간이 늦어 갈 수 없다고 한다.

관광안내소에서 도브 호수(Lake Dove)까지 셔틀버스가 운행되고 있다. 셔틀버스를 타니 20분 만에 도브 호수에 도착했다. 맑은 도브 호수가 펼쳐지고 그 뒤로 크레이들 마운틴의 모습이 보이는데 안개에 싸여 아랫부분만 조금 보였다.

도브 호수

크레이들 마운틴

오늘은 Discovery Parks Cradle Mountain에서 숙박하였다. 무척 넓은 캠핑장인데도 나무 사이마다 캠핑카들이 들어차 있었다.

우리가 묵을 방은 숲속에 지어진 캐빈으로 나무 사이에 한 채씩 떨어져서 지어져 있어 조용했다. 나무가 무성하게 우거진 숲속에서 하루를 숙박할 수 있어 마음이 편안하다.

DAY 35 | 데번포트 Devonport
2020. 3. 15. 일

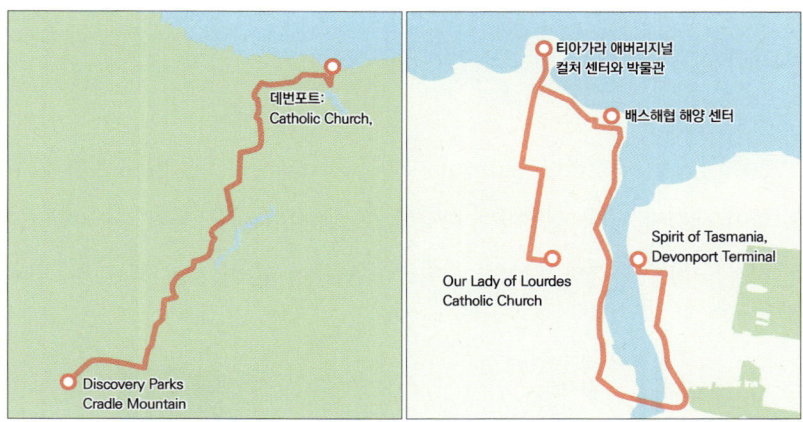

 이동 경로

Discovery Parks Cradle Mountain(78.0km) ➡ Catholic Church(2.7km) ➡ 티아가라 애버리지널 컬처 센터와 박물관(1.3km) ➡ 배스해협 해양 센터 (5.6km) ➡ Spirit of Tasmania, Devonport Terminal

계 87.6km

📔 여행기

오전 8시 Discovery Parks Cradle Mountain을 출발하여 데번포트로 향하였다. 데번포트까지 78km의 거리로 오가는 차량 하나 없는 한가한 도로가 이어진다. 우뚝우뚝 서 있는 나무들의 향연도 즐기고 안개가 자욱하게 피어오르는 마을도 지난다.

20여 km를 진행하니 Wilmot 마을을 지나게 된다. 집 앞 도롯가에 우편함이 세워져 있다. 집집마다 다양한 모양의 우편함을 세워 놓아 우편함 전시장을 방불케 한다. 다양한 모양의 우편함이 40여 개는 되는 것 같다.

우편함

오전 10시 데번포트의 Our Lady of Lourdes Catholic Church 에서 주일미사를 참례하였다. 조그만 성당이다. 한 주일마다 다른 성당에 가서 색다른 분위기에서 미사참례를 하는 것도 그런대로 여행의 의미가 있다.

데번포트(Devonport)는 태즈메이니아 북서쪽에 위치한 아름다운 항구도시로 시드니와 멜버른에서 페리(Sprit Of Tasmania)를 이용하여 많은 사람들이 방문하고 있다. 멜버른(10시간 소요)과 시드니(7시간 소요)에서 600여 대의 차량과 1,300명의 승객을 태울 수 있는 유람선이 운영된다.

티아가라 애버리지널 컬처 센터와 박물관(Tiagarra Aboriginal Cultural Centre & Museum)에 들렀다. 사라져 가고 있는 태즈메니안 애버리진의 문화와 예술을 접할 수 있는 유적지로 조그마한 박물관이다.

박물관

등대

전망대

언덕을 올라가니 등대가 서 있다. 해변에 있는 전망대에서 펼쳐지는 멀리 배스해협까지 탁 트인 푸른 바다가 너무 아름답다.

배스해협 해양 센터(Bass Strait Maritime Centre)를 관람하였다. 해상 운송의 거점도시로 활약했던 항구도시 데번포트의 과거와 현재를 알 수 있는 곳이다.

해양 생물들의 표본과 다양한 형태의 배를 전시하고 있고 배에서 사용하던 물품과 자료를 전시하여 놓았다.

전시품

오후 10시 10분 카페리는 태즈메이니아주의 Spirit of Tasmania 터미널을 출발하였다. 일주일 동안 많은 것을 보고 느끼게 해 준 태즈메이니아주의 관광이 끝났다. 많은 차량과 승객을 태운 카페리는 어두운 밤바다를 향하여 힘차게 나아간다.

DAY 36 | 밸러랫 Ballarat, 그램피언스 국립공원 The Grampians NP
2020. 3. 16. 월

 이동 경로

Spirit of Tasmania 여객선 터미널(Station Pier)(115.0km) ➡ 소버린 힐(2.5km) ➡ 세인트 패트릭 대성당(4.0km) ➡ 밸러랫 보태니컬 가든(145.0km) ➡ 램피언스 국립공원(9.5km) ➡ 홀스 헤이븐 리조트

계 276.0km

 여행기

어제저녁 10시 반에 태즈메이니아주의 데번포트를 출발한 카페리는 밤사이 밤바다를 힘차게 달렸다. 그리고 바다를 붉게 물들이는 아침 햇살이 찬란히 떠올랐다.

밤사이 어두운 바닷길을 달려 오전 8시 10분 빅토리아주의 Spirit of Tasmania 여객선 터미널에 도착하였다. 밸러랫(Ballarat)을 향하여 출발하였다.

밸러랫은 2006년 인구 78,221명으로 빅토리아에서 세 번째로 인구가 많은 도시로 원주민 말로 "휴게소"라는 의미이다. 잘 꾸며진 식물원과 아름다운 빅토리아 양식의 건축물 그리고 민속촌 소버린 힐로 유명한 소도시다.

오전 10시경 소버린 힐(Sovereign Hill)에 도착하였다. 넓은 언덕을 끼고 조성되어 있으며 메인 스트리트를 따라 중국인 마을과 채굴광, 광산 그리고 각종 상가와 관공서 등 1851~1861년의 골드러시 시대를 재현해 놓은 민속촌이다.

관광안내소 홀에는 금으로 만든 장식품이 전시되어 있고 숍에도 금으로 만든 선물용 물건들이 많이 진열되어 있다.

진열품

진열품

　소버린 힐 맞은편에 있는 골드 뮤지엄(Gold Museum)에도 진귀한 사금, 금덩어리, 금으로 만든 동전 등의 각종 금제품을 전시하고 있다. 골드 뮤지엄 앞에는 Sir Henry Bolte(1908~1990)의 동상이 세워져 있다.

　밸러랫(Ballarat)의 세인트 패트릭 대성당(St. Patrick's Cathedral)을 관람하였다. 1891년 호주 식민지에서 봉헌된 최초의 카톨릭 성당이었으며 호주에서 가장 오래된 성당이라고 한다.

　성당 안에 있는 스테인드글라스가 무척 아름답다. 예수님의 부활, 과부의 아들을 살리고 맹인을 고치는 장면, 출혈이 있는 여인과 떡과 물고기의 기적, 성모 영보 대축일과 동방 박사(Epiphany) 방문, St. Patrick, Missionary & Bishop 등의 그림이 새겨져 있다.

스테인드글라스

성당의 동쪽에 있는 도로의 중앙 분리대에 오스트레일리아 역사상 가장 유명한 금광 광부 봉기를 지도했던 랄로(Peter Lalor, 1827~1889)의 동상과 전쟁 위령비가 세워져 있는데 한국에 대한 기록도 있다.

전쟁 위령비

밸러랫 보태니컬 가든(Ballarat Botanical Gardens)을 산책하였다. 공원에는 나무가 울창하게 우거지고 꽃시계가 아름다운 꽃으로 단장되어 있다.

정원에 달리아(dahlia) 꽃밭을 만들어 놓았는데 다양한 종류의 달리아 꽃이 너무나 아름답게 피었다. 달리아꽃의 종류가 이렇게 다양하게 많은 줄은 미처 몰랐다.

달리아

식물원

　식물원은 활짝 핀 꽃으로 단장을 해 놓아 무척 화려하다. 꽃이 제철을 만나 온통 꽃 세상이다. 꽃의 종류도 다양하고 잘 가꾸어 놓아 꽃의 크기도 무척 커 탐스럽다.

　정원에서 꽃들의 향기에 듬뿍 취하고 그램피언스 국립공원으로 향하였다. 그램피언스 국립공원은 오래된 숲과 야생화, 우뚝 솟은 기암괴석, 구름 덮인 웅장한 산, 아름다운 호수와 폭포 등이 어우러져 계절과 관계없이 아름다운 자태를 보여 주는 국립공원으로 50여 개의 산책로가 있고 트레킹 코스가 다양하며 맥켄지 폭포 등 명소가 많은 곳이다.

　오후 4시경 그램피언스 국립공원(The Grampians NP)의 보로카 전망대(Boroka Lookout)에 도착하였다. 바위 절벽 위에서 원시림으로 우거진 대자연의 웅장함을 관찰할 수 있는 전망대이다.

전망대

  멀리 바라다보이는 푸른 호수와 푸르른 원시림의 장엄한 모습이 너무나 감격적이다. 끝이 보이지 않을 정도로 넓게 펼쳐진 대지 중간중간에 보이는 호수들의 모습이 아름답다.

  맥켄지 폭포(MacKenzie Falls)를 관람하였다. 계단을 따라 언덕 아래로 650m를 내려가야 한다. 언덕 아래로 내려가니 웅장한 울림을 내며 계곡에서 떨어지는 거대한 폭포가 장관이다.

폭포를 관람하고 공원 능선으로 이어진 도로를 따라 이동한다. 나무숲 속으로 도로가 이어져 아름다운 그램피언스 국립공원을 마음껏 느낄 수 있다. 하늘이 보이지 않을 정도로 우거진 원시림 속에서 보내는 시간이 너무나 소중하고 너무나 행복한 시간이다.

맥켄지 폭포

DAY 37 | 트웰브 아포슬 마린 국립공원
Twelve Apostles Marine National Park
2020. 3. 17. 화

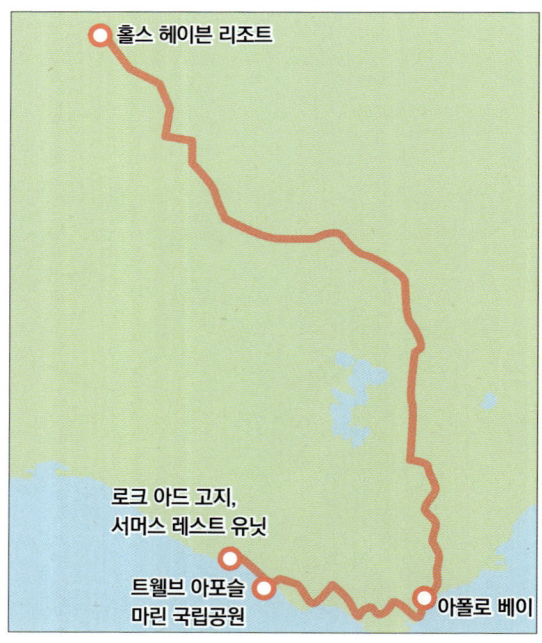

 이동 경로

홀스 헤이븐 리조트(274.0km) ➡ 아폴로 베이(84.3km)
➡ 트웰브 아포슬 마린 국립공원(7.7km) ➡ 로크 아드 고지(7.5km)
➡ 서머스 레스트 유닛

계 373.5km

 **여행기**

　오전 9시 Halls Haven Resort를 출발하였다. 아폴로 베이까지는 274km의 거리다. 숲속으로 난 한적한 도로를 달렸다. 나무가 우거져 하늘이 보이지 않았다.

　왕복 2차선 도로가 끝없이 이어지다가 중앙선이 없는 1차선 도로도 나온다. 한 시간을 달려도 차량 몇 대 만날 정도로 한적한 도로다.

　가끔 목장이 나타나고 한가로이 풀을 뜯고 있는 소와 양의 모습이 평화롭다. 예쁜 우체통도 보인다.

목장

오후 2시경 아폴로 베이(Apollo Bay)에 도착하였다. 관광안내소 앞에는 나무로 만든 조형물이 세워져 있다. 다양한 모습을 하고 있는 사람의 형상이다.

조형물

관광안내소 앞에 있는 해변을 걸었다. 푸른 바다가 넓게 펼쳐지고 몇 사람이 일광욕을 하고 있다.

해변

그레이트 오션 로드(Great Ocean Road)를 따라 트웰브 아포슬 마린 국립공원(Twelve Apostles Marine National Park)으로 이동하였다.

레이트 오션 로드는 토웨이에서 와남불에 이르는 기암절벽을 깎아 만든 해안 길이다. 해안선을 따라 이루어진 굴곡과 가파른 절벽, 하얀 백사장과 부서지는 파도 등, 자연이 빚어낸 완벽한 예술작품을 보는 듯 아름답다.

트웰브 아포슬 마린 국립공원(Twelve Apostles Marine National Park)에 도착하니 12사도(Twelve Apodtles) 표지판이 보인다.

12사도 바위(Twelve Apodtles)는 수만 년 동안 파도의 침식 작용으로 만들어진 바위기둥으로 12개의 기암괴석이 해안선을 따라 마치 기둥을

12사도 바위

박아 놓은 것처럼 늘어서 45m 높이까지 솟구쳐 돌탑과 같은 형태를 하고 있다. 원래 12개였던 바위기둥들은 파도의 침식작용으로 인해 무너지고 제대로 남아 있는 것은 8개다.

　입구 표지판을 지나 해변으로 나가니 12사도 바위가 보인다. 해안선을 따라 산책로를 만들어 놓아 12사도 바위를 여러 가지 방향에서 관광할 수 있다. 높은 절벽과 아울린 12사도 바위가 그림같이 아름답게 보인다. 파도가 조용히 밀려온다. 많은 사람들이 몰려 관광지 분위기가 난다.

　7km 정도의 거리에 로크 아드 고지(Loch Ard Gorge)가 있다. 두 개의 바위가 바다를 향하여 입을 벌리고 있는 형태로 갈라진 사이로 파도가 밀려와 장관이다. 하늘에는 새처럼 하늘을 날고 있는 사람들의 모습이 하나의 그림이다.

로크 아드 고지

석순

계단을 따라 해변으로 내려가니 고운 모래 백사장이 나온다. 백사장 뒤편에는 바위벽에서 흘러내린 석순의 모습이 또 다른 정취를 느끼게 한다.

부근에 있는 Island arch lookout에서는 바로 앞에 있는 조그만 섬이 바라다보이는데 섬의 가운데에 커다란 구멍이 뚫려 바닷물이 드나든다.

바위섬

해변가 한쪽에 무덤의 영역이 있다. 아름다운 해변에 있는 주검의 모습이 전혀 새로운 것이 아니건만 생(生)과 사(死)의 차이는 별것이 아닌가 하는 생각을 해 본다.

오늘은 자연이 만든 아름다운 작품을 보면서 즐거운 하루를 보냈다. 전망대 앞에 펼쳐진 시원한 푸른 바다가 눈에 아른거린다.

DAY 38 | 킹스톤 Kingston
2020. 3. 18. 수

 이동 경로

서머스 레스트 유닛(243.0km) ➡ 블루 레이크(157.0km) ➡ 랍스터(0.2km) ➡ Kingston Lobster Motel

계 400.2km

 여행기

오전 9시 Summer's Rest Units를 출발하여 마운트 갬비어로 향하였다. 마운트 갬비어까지 243km의 거리이다. 산속으로 이어진 좁은 도로를 달린다. 차량이 별로 없어 한적한 도로다. 질서정연하게 조림해 놓은 나무숲도 지난다.

조림지

  오후 2시 블루 레이크(Blue Lake)에 도착하였다. 블루 레이크는 사우스오스트레일리아주 남동부의 마운트 갬비어(Mount Gambier)에 있는 호수로 11~3월까지만 밝은 코발트블루색을 볼 수 있다고 한다.

  호수 앞에 있는 블루 레이크 전망대(Blue Lake Lookout)에 서니 진한 코발트블루색의 호수가 아름답게 펼쳐지고 난간에는 사랑의 열쇠들이 많이 걸려 있다.

나무 계단을 따라 언덕 위에 있는 Rook Wall Lookout에 올라가 보았다. 블루 레이크가 한눈에 들어온다. 정말 아름다운 호수다.

블루 레이크

Rook Wall Lookout에서 호수 반대편으로 100m 정도 가니 Hoo Hoo Lookout이 나온다. 누렇게 단풍이 들어 가는 계곡의 모습이 아름답게 내려다보인다.

Hoo Hoo Lookout

풍광

호수 앞에 바이원 스토리(Byone Story)가 세워져 있다. 넓은 바위에 구멍이 한 개 뚫어져 있는데 구멍으로 보이는 호수의 광경이 멋지다.

바이원 스토리

호수를 감상하고 킹스톤으로 향하였다. 직선으로 뻗은 도로가 끝없이 이어진다. 시원스럽게 몇 km씩 직선으로 뻗은 도로를 달리면서 넓고 큰 호주의 대지가 부러운 생각이 든다.

끝이 보이지 않을 정도로 넓게 펼쳐진 초지에서 무리 지어 풀을 뜯고 있는 소와 양들의 한가한 모습을 보면서 평화로움이 느껴진다.

오후 4시 킹스톤(Kingston)에 도착하였다. 킹스톤은 인구 2,500명의 작고 아담한 마을이다.

도로가에 랍스터(The Big Lobster) 동상이 세워져 있다. 그 크기가 무척 크다. 동상 앞에 서 있는 사람과 비교해 보면 그 크기가 실감이 난다.

랍스터 동상

시골 마을의 조용함이 느껴진다. 이제 서호주에 접어드니 30분이 늦어져 한국과 1시간 30분의 시차가 된다.

DAY 39 | 캥거루 아일랜드 Kangaroo Island
2020. 3. 19. 목

🚗 이동 경로

Kingston Lobster Motel(371.0km) ➡ 케이프 저비스의 SeaLink Ferry Terminal(19.9km) ➡ 캥거루 아일랜드의 SeaLink Ferry Terminal(0.2km) ➡ 팬쇼우 펭귄 센터(0.4km) ➡ 시프론트 호텔 캥거루섬

계 391.5km

📘 여행기

    오전 8시 30분 Kingston Lobster Motel을 출발하였다. 캥거루 아일랜드로 들어가는 페리 여객선 터미널까지 371km의 거리다.

    한가한 아침의 도로를 달렸다. 나무가 우거진 사이로 오직 하나의 길만 보였다. 몇 km씩 직선으로 뻗어 있는 도로 위로 가끔씩 차량이 지나간다. 누렇게 변한 넓은 초지에서 소들의 아침 식사가 시작되고 있다.

목장

오후 1시경 캥거루 아일랜드로 들어가는 케이프 저비스(Cape Jervis)의 SeaLink Ferry Terminal에 도착하였다. 우리를 태우고 섬으로 들어갈 카페리가 부두에 정박해 있었고 차량 몇 대가 줄을 서 있다.

페리

오후 3시 카페리는 SeaLink Ferry Terminal을 출발한다. 캥거루 아일랜드의 SeaLink Ferry Terminal까지 45분이 소요된다. 파도가 거세게 일어 배가 무척 흔들린다.

캥거루 아일랜드(Kangaroo Island)는 애들레이드 남서쪽 113km 저점에 떠 있는 섬으로 태즈메이니아, 멜빌에 이어 호주에서 세 번째로 큰 섬이다. 지형이 캥거루를 닮았다고 해서 붙여진 이름인데 실제로 아주 많은 캥거루가 서식하고 있다.

캥거루 아일랜드에 도착하여 저녁에는 팬쇼우 펭귄 센터(Penneshaw Penguin Centre)를 방문하였다. 낮에는 문을 열지 않으며 어둠이 내리기 시작하면 펭귄 투어가 시작된다. 밤이 되면 새끼를 이끌고 뒤뚱거리며 이동하는 펭귄의 모습을 볼 수 있는데 오늘은 목요일이라 휴무란다.

팬쇼우 펭귄 센터

해변을 산책하였다. 밤바다의 풍경이 조용히 펼쳐진다. 멀리 우리가 타고 온 카페리의 모습이 보였다.

DAY 40 | 캥거루 아일랜드 Kangaroo Island
2020. 3. 20. 금

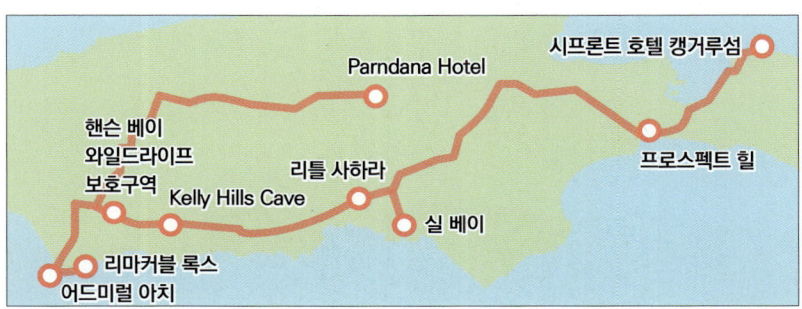

 이동 경로

시프론트 호텔 캥거루섬(25.5km) ➡ 프로스펙트 힐(62.5km)

➡ 실 베이(18.5km) ➡ 리틀 사하라(33.7km) ➡ Kelly Hills Cave(8.7km)

➡ 핸슨 베이 와일드라이프 보호구역(24.5km) ➡ 리마커블 록스(6.5km)

➡ 어드미럴 아치(76.9km) ➡ Parndana Hotel

계 256.8km

 여행기

　오전 8시 숙소를 출발하여 프로스펙트 힐(Prospect Hill)로 향하였다. 프로스펙트 힐은 캥거루 아일랜드의 머리 부분과 몸통 부분을 연결하는 목 중앙쯤에 자리한 전망대다.

나무숲 속으로 시원하게 뻗은 도로를 달려 넓은 평원 가운데에 우뚝 솟아 있는 프로스펙트 힐(Prospect Hill)에 도착하였다. 산봉우리에 계단이 만들어져 있다. 402개의 계단을 올라가니 탁 트인 바다와 한눈에 들어오는 섬 전체의 모습이 정말 아름답다.

프로스펙트 힐

풍광

실 베이(Seal Bay Conservation Park)를 관광하였다. 바로 눈앞에서 바다표범을 볼 수 있는 세계 최대의 바다표범 서식지다.

실 베이로 들어가는 입구에 도착하였는데 도로에 캥거루들이 많이 모여 있다. 사람이 가까이 가도 두려워하지 않고 도로에서 비키지도 않는다. 어젯밤에 비가 왔는지 도로가 조금 젖어 있는데 도로에 있는 물을 핥아 먹고 있다. 산속에 물이 부족한 듯하다.

캥거루

실 베이는 가이드 투어 시간이 정해져 있고 보드워크를 따라서 개별 여행도 가능하다. 관광안내소에서 보드워크를 따라 바닷가에 이르니 많은 바다표범들이 보인다. 아침 이른 시간이라 아직 잠을 자고 있는 모습도 보이고 어미의 젖을 먹고 있는 새끼 바다표범도 보인다. 넓은 바닷가에서 자유롭게 살아가고 있는 바다표범의 생생한 모습이 눈에 아른거린다.

해변

바다표범

리틀 사하라(Little Sahara)도 관광하였다. 사하라 사막을 옮겨 놓은 듯한 모래언덕이 장관이다. 모래언덕에 올라가니 언덕 너머에도 넓은 모래사장이 펼쳐져 있다. 맑은 하늘이 갑자기 검게 변하더니 소나기가 쏟아졌다. 이곳은 항상 바람이 많이 분다고 하더니 바람과 함께 소나기가 쏟아져 옷이 모두 젖어 버렸다.

리틀 사하라

리틀 사하라를 출발하여 Kelly Hills Cave로 향하였다. 도로 주변에 있는 나무들이 불에 타서 죽어 있는 모습이 나타난다. Kelly Hills Cave 입구까지 33km의 거리인데 산불의 흔적은 끝이 없다. 좋은 나무 숲이 모두 타 버려 정말로 안타까운 모습이다. Kelly Hills Cave로 들어가는 도로로 접어드니 산불로 도로를 폐쇄한 모양이었다.

이곳에서 9km의 거리에 있는 핸슨 베이 와일드라이프 보호구역(Hanson Bay Wildlife Sanctuary)에 가 보니 공원 전체가 불에 타서 관리 동까지 허물어진 상태다. 불에 탄 나무에서 새싹이 돋아나고 있는 모습이 생(生)의 끈질김을 느끼게 한다.

생명

　플린더스 체이스 국립공원(Flinders Chase NP)으로 향하였다. 20여 km를 달렸는데 도로를 막아 놓았다. 산불로 도로를 폐쇄하였다는 안내문이 붙어 있다.

　플린더스 체이스 국립공원(Flinders Chase NP)은 섬의 남서쪽 74,000ha를 차지하고 있는 남호주 최대의 국립공원으로 국립공원의 생태와 환경에 관한 자료들이 전시되어 있으며 캥거루, 포섬, 오리너구리,

에뮤 등이 서식하고 있다고 한다.

하지만 국립공원 전체가 산불로 모두 타 버려 플린더스 체이스 국립공원 안에 있는 리마커블 록스와 어드미럴 아치는 접근할 수가 없어 관광을 하지 못하게 되었다.

리마커블 록스(Remarkable Rocks)는 마그마가 식으면서 형성된 바위의 원형이 세월이 흐르면서 마치 비늘처럼 벗겨지기도 하고 수정의 결정체처럼 반짝이기도 하는데, 실 베이와 함께 이곳 최고의 볼거리라고 한다.

어드미럴 아치(Admirals Arch)는 동굴 입구처럼 생긴 아치형 바위로 고드름처럼 석순이 자라고 있고 그 밑으로는 바다표범과 물개들이 휴식을 취하고 있는 곳이다.

산불로 좋은 관광지를 접근도 못 하고 돌아서게 되어 아쉽다. 아쉬운 마음을 뒤로하고 오늘의 숙박지인 Parndana의 피치폴리아 로지로 향하였다.

오늘의 숙박지는 에드미럴 아치에서 77km 정도 떨어져 있는 조그만 마을인데 이곳은 산불의 피해를 입지 않아 그나마 다행인 것 같다. 플린더스 체이스 국립공원을 비롯하여 100km 이상의 공간 안에 있는 모든 나무들이 산불로 타 버려 섬 전체의 반 이상의 나무들이 불에 타 버린 것 같다. 너무나 안타까운 마음이다.

DAY 41 | 캥거루 아일랜드 Kangaroo Island
2020. 3. 21. 토

 **이동 경로**

Parndana Hotel(27.8km) ➡ 스톡스 베이(89.7km)

➡ 캥거루 아일랜드의 SeaLink Ferry Terminal(19.9km)

➡ 케이프 저비스의 SeaLink Ferry Terminal(17.8km)

➡ Second Valley Lodge and Cottages

계 155.2km

여행기

오전 10시 숙소를 출발하여 27km 정도 떨어져 있는 스톡스 베이에 도착하였다.

스톡스 베이(Stockes Bay) 비치 입구에 커다란 바위들이 둘러서 있다. 바위 사이로 나 있는 좁은 길을 따라 들어가니 새하얀 모래사장이 펼쳐진다. 파도가 거세게 밀려온다. 하얀 모래와 부서지는 파도가 어울리는 조용한 해변이다.

어린이가 거센 파도에 도전하고 있는 모습이 보인다. 무척 거센 파도가 밀려오는데 조금도 두려워하지 않고 파도타기에 열중이다.

파도타기

산불의 흔적

　조용한 해변을 산책하고 캥거루 아일랜드의 SeaLink Ferry Terminal로 향하였다. 불에 탄 나무들의 모습이 나타났다가 없어지기를 반복한다.

　캥거루가 자연 속에서 자유롭게 살아가고 있는 아름다운 섬인데 산불로 너무나 많은 삼림이 타 버려 안타까운 마음이 든다. 또 몇십 년의 세월이 흘러야 푸른 산야가 회복될 수 있을 것이다.

　카페리는 차량을 가득 싣고 캥거루 아일랜드를 떠난다. 그래도 생활은 계속되는 것이다.

　케이프 저비스(Cape Jervis)의 SeaLink Ferry Terminal에 도착하여 오늘 머무르기로 예약한 숙소로 출발했다. 도롯가에 계란을 파는 입간판이 보인다. 시골에서 생산한 계란을 무인으로 팔고 있는 것이다. 덕분에 우리도 저렴하게 계란을 구입하였다. 낭만이 있어 보인다.

DAY 42 | 애들레이드 Adelaide
2020. 3. 22. 일

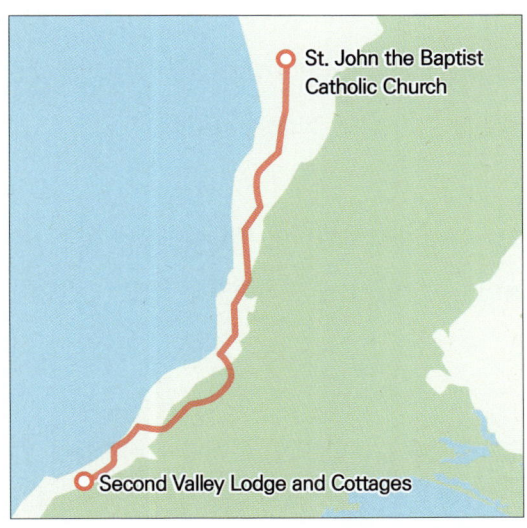

🚗 이동 경로

Second Valley Lodge and Cottages(84.2km) ➡ St. John the Baptist Catholic Church(4.1km) ➡ 글레넬그 비치(23.2km) ➡ 로프티 전망대(14.4km) ➡ 독일인 마을 한도르프(22.3km) ➡ 푸르빌 모터 인(Frewville Motor Inn)

계 **148.2km**

여행기

애들레이드(Adelaide)는 남호주의 수도이며 온화한 기후와 부드러운 바람 덕분에 와인의 산지로 잘 알려진 곳으로 축복받은 땅, 여유로운 삶을 누리는 곳이다. 자연주의 화장품 줄리크의 고향이기도 하며 다음 여행지인 에어즈 록이나 앨리스 스프링스를 가기 위해 준비하는 곳이다.

오전 8시 Second Valley Motel을 출발하여 애들레이드에 있는 St. John the Baptist Catholic Church에 도착하였다. 성당의 첨탑이 특이하게 높아 보인다.

일요일 미사참례를 하려고 성당에 도착한 것인데 성당에 사람들이 없고 성당 안에서 세 사람만 기도를 하고 있다. 주일 미사 시간을 물어보니 코로나 때문에 호주 전역에서 미사를 봉헌하지 않기로 하였다고 한다. 코로나 때문에 전 세계가 너무나 큰 재앙을 만난 것 같다.

글레넬그 비치(Glenelg Beach)를 둘러보았다. 비치 입구에는 식당이 자리하고 있고 중앙 통로가 길게 이어져 있다. 중앙 통로로 들어가니 사우스오스트레일리아 창립 100주년 기념비가 세워져 있다. 해변가로 놀이공원이 만들어져 있어 어린이들이 즐겁게 놀고 있는 모습이 보인다.

글레넬그 비치

바다 한가운데까지 보드워크가 만들어져 있어 많은 사람들이 산책을 하고 있고 보드워크 끝에서 몇 사람이 낚시를 하고 있다. 시원스럽게 펼쳐진 해변에서 몇 사람이 해수욕을 즐기고 있다.

보드워크

해변

로프티 전망대(Mt. Lofty Lookout)에 올라갔다. 애들레이드시의 아름다운 모습을 감상할 수 있도록 언덕에 세워진 전망대이다. 등대가 높게 서 있고 애들레이드 시내의 모습이 아름답게 내려다보인다.

시내 풍광

독일인 마을 한도르프(Hahndorf)에 가 보았다. 도로 좌우로 상가가 길게 이어져 있고 많은 차량들이 몰려들어 무척 번화한 모습이다.

한도르프

Alec Johnsoton Park 입구에 한도르프 설립 150주년 기념비가 세워져 있다.

150주년 기념비

조그만 박물관에는 옛날에 사용하던 가재도구, 의복과 학생들이 사용하던 의자, 피아노 등이 전시되어 있다. 무척 번성한 마을의 모습이 그대로 드러나 보인다.

박물관

핫도그 가게에서 핫도그를 사 먹었다. 핫도그가 무척 크다. 입구에 세워 놓은 핫도그 상징물이 인상적이었다.

핫도그 가게

DAY 43 | 애들레이드 Adelaide
2020. 3. 23. 월

🚗 이동 경로

푸르빌 모터 인(3.9km) ➡ 빅토리아 광장(1.2km) ➡ 런들 몰(2.0km)
➡ 아트 갤러리 오브 사우스오스트레일리아(0.7km) ➡ 남호주 박물관(0.4km)
➡ 주립도서관(1.8km) ➡ 남호주 이주민 박물관(1.0km)
➡ 애들레이드 보타닉 가든(4.0km) ➡ 푸르빌 모터 인

계 15.0km

📔 여행기

숙소에서 출발하여 빅토리아 광장을 둘러보았다. 빅토리아 광장(Victoria Square)은 애들레이드 시티 센터의 가장 중심에 있는 광장으로 근처에 센트럴 마켓과 센트럴 버스 스테이션이 있고 무료 버스와 트램이 출발하는 장소다.

넓은 잔디밭 가운데 Victoria RI의 동상이 세워져 있고 분수가 잔잔히 솟아 올라오고 있다. 주변에 많은 빌딩들이 둘러서 있고 높이 세워진 우체국 건물의 옥탑에는 커다란 시계가 돌아가고 있다.

Victoria RI

분수

런들 몰(Rundle Mall)을 돌아보았다. 런들 몰은 보행자 전용도로 좌우로 상가들이 모여 있는 애들레이드의 명동이라 할 수 있는데 데이비드 존스, 마이어 등의 대형 백화점과 아케이드, 기념품점이 모여 있다.

광장 가운데 4마리의 청동 돼지가 세워져 있는데 트러플스(Truffles, 서 있는 돼지), 올리버(Oliver, 쓰레기통을 뒤지고 있는 돼지), 호라티오(Horatio, 앉아 있는 돼지), 오거스타(Augusta, 걸어가고 있는 돼지)라는 이름이 적혀 있다.

청동 돼지

아트 갤러리 오브 사우스오스트레일리아(Art Gallery of South Australia)를 관람하였다. 건물 앞에 그리스 신전처럼 6개의 기둥이 대리석 건물의 입구를 받치고 있다.

애버리진 아트를 비롯해 유럽, 아시아 등 전 세계의 명화와 도자기 등이 전시되어 있다. 규모가 무척 크다.

전시물

아트 갤러리 오브 사우스오스트레일리아 옆에 남호주 박물관(South Australian Museum)이 있다. 실물 크기의 동물 박제와 애버리진의 생활과 문화, 전통에 관한 내용을 전시하고 있는 박물관이다.

거북, 공룡, 고래, 호랑이, 사자, 코끼리 등의 박제가 가득하다. 실제 크기 그대로 박제를 해 놓아 실감이 간다. 애버리진의 생활 도구와 전통에 관한 자료가 무척 많이 전시되어 있어 그 당시의 물건을 모두 모아 놓은 것 같다.

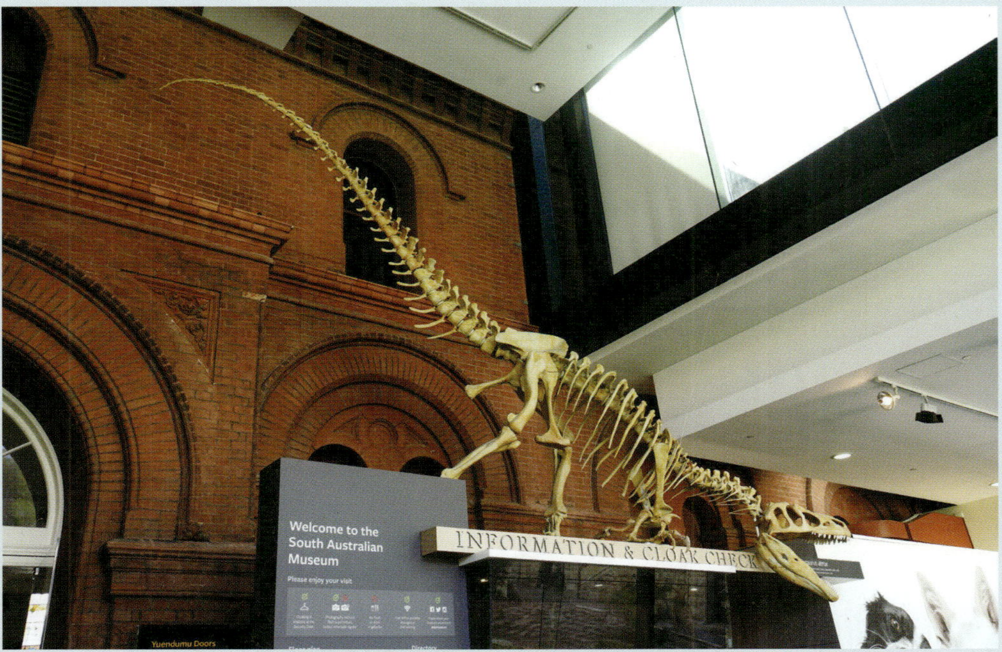
Welcome to the
South Australian
Museum
Please enjoy your visit
INFORMATION & CLOAK CHECK
Yuendumu Doors

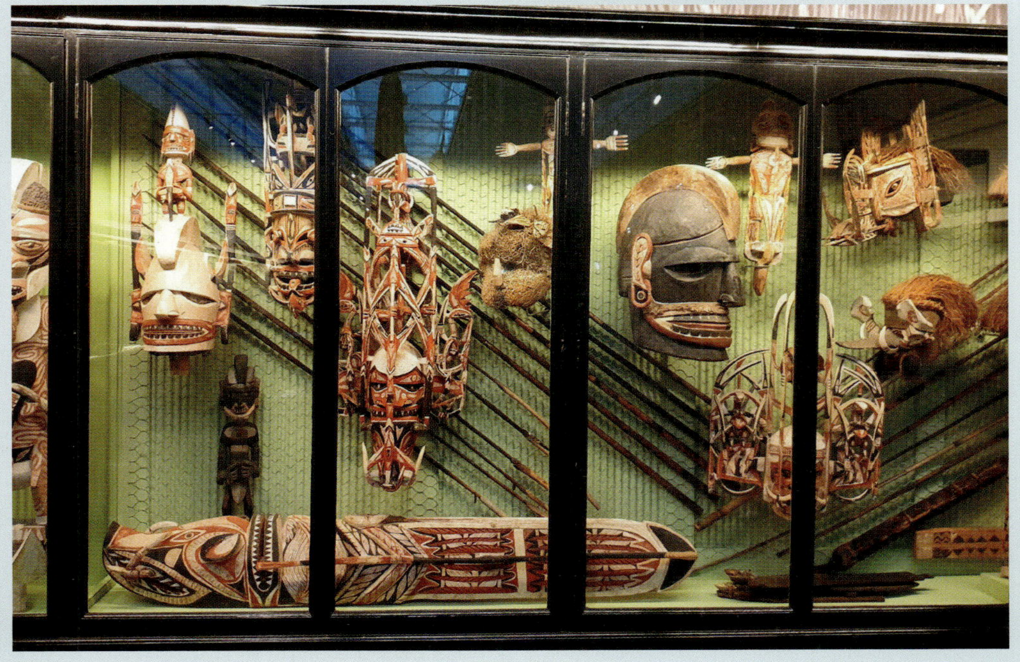

전시물

남호주 박물관 옆에 주립도서관(State Library of South Australia)이 있다. 호주 최대 규모의 주립도서관으로 희귀한 종류의 컬렉션을 많이 보유하고 있는 곳이다. 건물 바로 앞에 Robert Burns(1759~1796)의 동상이 세워져 있다.

주립도서관

도서관 안의 갤러리에는 옛날 주요 사건에 대한 신문 스크랩 등 자료가 많이 전시되어 있다.

전시물

도서관에서 300m 정도 떨어져 남호주 이주민 박물관(South Australian Migration Museum)이 있다. 그곳에서는 애들레이드 지역에 처음 정착했던 이주민들에 대한 자료를 전시하고 있다.

오스트레일리아의 옛 지도와 옛날의 세계지도, 이주민들의 생활을 소상히 기록하고 있다.

옛 지도

전시품

남호주 이주민 박물관 앞에 있는 도로 건너에 전쟁 추모 기념비가 있고 Anzac Centenary Memorial Walk가 만들어져 있다. 제1, 2차 세계대전에 희생된 사람들을 추모하기 위하여 조성한 것이다. 추모비 안에는 희생된 사람들의 명단이 적혀 있고 추모비에 대한 설명 내용에 한국에 대한 기록도 적혀 있다.

전쟁 추모 기념비

Anzac Centenary Memorial Walk 바닥에는 각 나라의 명칭이 기록되어 있는데 "KOREA"도 선명하게 표시되어 있다. 호주에는 곳곳에 전쟁 희생자 추모비를 세워 놓아 희생자들의 희생정신을 기억하고 있다.

오후에는 애들레이드 보타닉 가든(Adelaide Botanic Gardens)을 산책하였다. 1855년 설립되었으며 20ha가 넘는 큰 규모의 공원으로 남반구에서 가장 큰 온실이라는 바이센터니얼 온실(Bicentennial Conservatory)과 선인장만 모아 놓은 온실도 있다.

공원 안에는 큰 나무들이 우거져 하늘을 가리고 있다. 공원 사이사이로 산책로가 나 있어 공원을 산책하기에 편하게 되어 있다.

애들레이드 보타닉 가든

바이센터니얼 온실(Bicentennial Conservatory)은 높이가 무척 높게 지어져 있어 큰 나무들도 그대로 자라고 있으며 지붕에 물을 뿌릴 수 있는 시설이 되어 있어 수시로 물을 뿌려 주고 있다.

바이센터니얼 온실

선인장 온실에 가 보았다. 크고 작은 여러 종류의 선인장들이 저마다의 모습으로 씩씩하게 자라고 있다. 맑은 하늘 아래 넓은 공원에서 즐거운 시간을 보낼 수 있어 기분이 상쾌하다.

바이센터니얼 온실

DAY
44 | **애들레이드** Adelaide
2020. 3. 24. 화

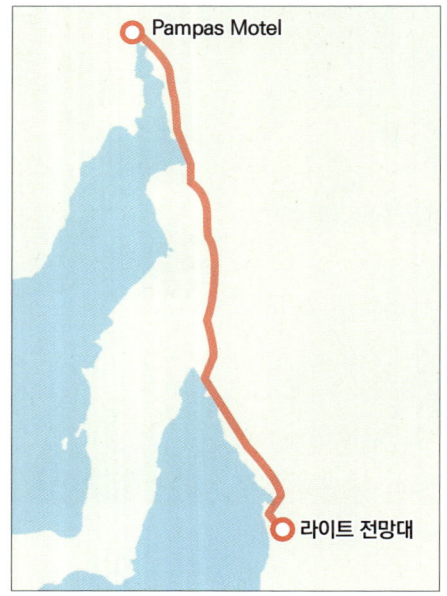

🚗 이동 경로

푸르빌 모터 인(5.5km) ➡ 앨도 페스티벌 센터(0.6km)
➡ 세인트 피터스 성당(0.4km) ➡ 라이트 전망대(304.0km) ➡ Pampas Motel

계 310.5km

여행기

오전 9시 Frewville Motor Inn을 출발하여 앨도 페스티벌 센터에 도착하였는데 공사 중이라 출입이 통제되고 있었다.

앨도 페스티벌 센터

앨도 페스티벌 센터(Elder Park & Festival Centre)는 토렌스강을 끼고 엘더 파크와 나란히 자리하고 있다. 애들레이드 비엔날레가 개최되기도 하고 각종 예술제와 문화행사, 하늘에 펼쳐지는 에어 퍼포먼스가 열리는 곳이다.

세인트 피터스 성당(St. Peter's Cathedral)을 방문하였다. 뾰족한 첨탑이 하늘을 향하고 외관이 붉은 벽돌로 지어진 아름다운 성공회 성당으로 1869~1904년까지 40년 가까이 공을 들여 완성하였다. 성당 내부는 코로나바이러스 예방 때문에 개방을 하지 않고 있다.

성당 앞에 공원이 있고 그 안에 전쟁 희생자 기념비가 세워져 있다.

세인트 피터스 성당

전쟁 희생자 기념비

성당에서 언덕을 조금 올라가면 라이트 전망대(Light's Vision)가 나온다. 전망대 가운데 애들레이드를 남호주의 주도로 정한 윌리엄 라이트 대령의 동상이 세워져 있다. 정상에서 도시의 전경이 바라다보이는데 앨도 페스티벌 센터 건물에 가려 도시 한편의 모습만 보인다.

라이트 전망대

윌리엄 라이트 대령의 동상

점심 식사를 하고 애들레이드를 출발하여 포트 오거스타(Port Augusta)로 향했다. 비가 서서히 내리기 시작했다.

포트 오거스타(Port Augusta)까지 304km의 거리인데 비가 차츰 더 많이 온다. 한없이 곧게 뻗은 도로에 차량이 별로 없어 한가하다.

포트 오거스타에 가까워지자 주변 풍광이 달라졌다. 넓은 벌판에 낮은 나무만 끝없이 펼쳐져 있어 지금까지 보아 온 나무 우거진 삼림의 모습과 대조적이었다. 기후가 완전히 달라진 모습이다.

오후 4시경 포트 오거스타에 있는 Pampas Motel에 도착하였다. 모텔의 문이 잠겨 있고 전화를 하라고 안내문이 붙어 있다. 코로나바이러스 때문에 숙박업소와 식당이 어제부터 모두 통제되고 있고 호주의 국내선 항공이 모두 운행을 하지 못하게 되었다고 한다.

호주에도 코로나바이러스 감염자가 늘어나 분위기가 무척 싸늘하다. 여행 일정이 이제 절반을 지났을 뿐인데 남은 여행 일정이 걱정스럽다.

DAY 45 | 쿠버 피디 Coober Pedy
2020. 3. 25. 수

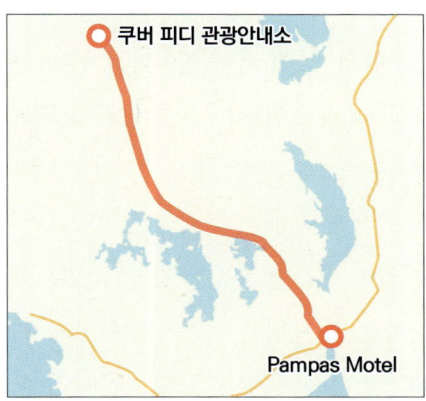

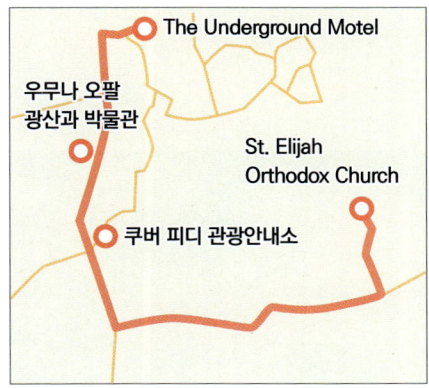

 이동 경로

Pampas Motel(541.0km) ➡ 쿠버 피디 관광안내소(0.7km)
➡ 우무나 오팔 광산과 박물관(3.7km) ➡ St. Elijah Orthodox Church(4.8km)
➡ The Underground Motel

계 550.2km

📓 여행기

오전 8시 30분 포트 오거스타(Port Augusta)의 Pampas Motel을 출발하였다. 쿠버 피디까지 541km의 거리다.

차량이 도로에 접어들자 내비게이션에서 540km 직진이라는 안내 문구가 나왔다. 쿠버 피디까지 그냥 하나의 도로만 직진하여 달리게 되는 것이다.

직선으로 뻗은 도로 주변은 황무지같이 잔잔한 풀들만 자라고 있는 모습을 보이다가 조금 큰 잡목들이 자라고 있는 넓은 벌판이 이어진다. 가끔 지나치게 되는 차량의 움직임만 있을 뿐 길게 뻗은 도로는 끝이 없다. 직선으로 길게 뻗은 도로와 어울린 구름의 모습이 아름답다.

아름다운 구름

포트 오거스타를 출발하여 240km를 가니 주유소가 나온다. 차량에 주유를 해 보니 애들레이드보다 80%가 비싸다. 이번 여행 중 거쳐 온 지역 중에서 애들레이드의 휘발유 가격이 가장 저렴하였다.

주유소

도로 중간에 만들어져 있는 간이 쉼터에서 도시락으로 점심 식사를 하였다.

간이 쉼터

주유소를 출발하여 다시 100km를 달리니 주유소가 하나 더 나오고 200km를 더 달려 쿠버 피디에 도착하였다. 서울에서 부산까지 가는 거리보다 더 먼 거리를 가는 중간에 아무도 없는 벌판만 이어져 차량의 주유에 신경을 써야 한다.

쿠버 피디 안내 간판

쿠버 피디 안내 간판이 높이 세워져 있다.

쿠버 피디 관광안내소(Coober Pedy Tourist Information Centre)를 방문하였다. 관광안내소에 직원은 있는데 코로나바이러스 때문에 관광안내소를 운영하지 않는다고 한다.

쿠버 피디(Coober Pedy)는 1889년 이후 지금까지 오팔 채굴이 계속되고 있는 조그만 도시로 영화 <매드 맥스(Mad Max)>의 배경지이기도 하다. 구석구석 숨어 있는 세계 유일의 지하 주택과 오팔 광산, 애버리진과 사막의 예술 등 뜨겁고 거칠고 황량한 매력이 있는 곳이다.

관광안내소에서 500m 거리에 지하 교회들(Underground Churches) 중 가장 유명한 세인트 피터 & 폴 가톨릭 성당이 있다.

세인트 피터 & 폴 가톨릭 성당(St. Peter & Paul Catholic Church)은 세계 최초로 생긴 지하 교회로 안으로 들어가면 동굴처럼 둥근 돔형의 벽과 창이 없는 독특한 구조로 전면의 창에 새겨진 스테인드글라스를 통해 들어오는 햇살이 무척 아름답다고 한다.

높이 세워진 탑 아래 성당 입구가 만들어져 있다. 성당 입구에 코로나 바이러스 때문에 성당 문을 개방하지 않는다고 안내문이 붙어 있어 내부를 보지 못하여 아쉽다.

세인트 피터 & 폴 가톨릭 성당

우무나 오팔 광산

우무나 오팔 광산과 박물관(Umoona Opal Mine & Myseum)을 구경하였다. 굴로 된 광산 입구를 들어가면 지하까지 연결된다.

동굴 안으로 들어가니 입구 벽에 오팔 채굴에 관련된 자료와 광석 등을 진열하여 놓았다. 오팔을 이용한 목걸이, 귀걸이 등 장식품이 많이 진열되어 있다. 무척 아름답고 다양한 오팔의 모습을 볼 수 있다.

진열품

오팔은 쿠버 피디의 **블랙 오팔**이 최상급이다. 오팔은 적어도 색이 3가지 이상 들어 있고 색이 골고루 퍼져 있어야 하는데 적색이 많을수록 품질이 좋은 오팔이고 얇게 연마된 것보다 두껍게 연마된 것이 더 값비싼 제품이라고 한다.

　우무나 오팔 광산의 지상 높은 위치에 전망대가 만들어져 있다. 전망대에서 주위 풍광이 내려다보이는데 황갈색의 땅 위에 여기저기 조그만 건물이 만들어져 있는 황량한 마을의 모습이다.

마을의 모습

우무나 오팔 광산에서 4km 정도 떨어진 곳에 있는 St. Elijah Orthodox Church에 가 보았다. 높은 언덕 아래에 있는 굴속에 만들어진 교회다.

St. Elijah Orthodox Church

문을 들어서니 내부로 경사진 진입로가 나왔다. 안에는 좁은 공간에 예배를 보는 공간이 만들어져 있고 의자가 몇 개 놓여 있다.

내부 모습

The Underground Motel에서 숙박을 하였다. 언덕 아래 지하에 있는 모텔이다.

굴 안의 지하 공간이 무척 넓고 여러 개의 방이 만들어져 있다. 방도 깨끗하게 잘 꾸며 놓았고 외부는 햇살이 무척 따갑고 더운데 방 안이 시원해서 참 좋았다.

The Underground Motel

모텔 내부

DAY 46 | 화이앨라 Whyalla
2020. 3. 26. 목

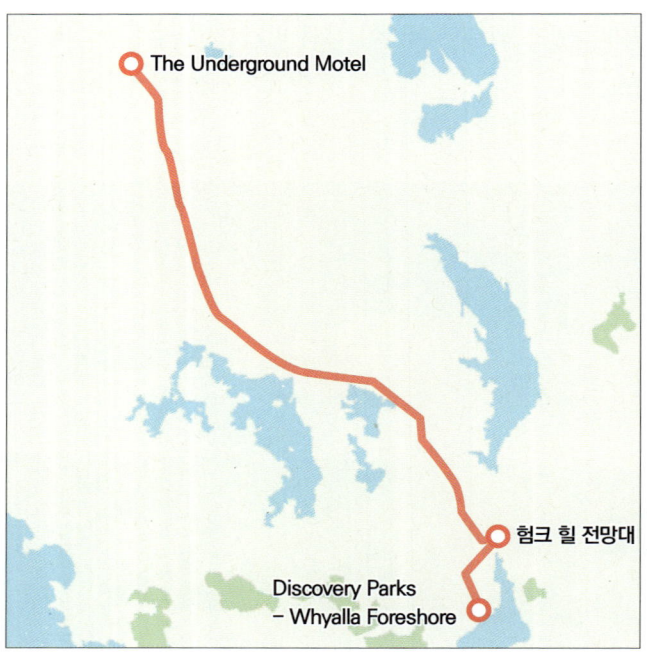

🚗 이동 경로

The Underground Motel(614.0km) ➡ 험크 힐 전망대(2.0km)
➡ Discovery Parks - Whyalla Foreshore

계 616.0km

📖 여행기

아침에 일어나 호텔 밖으로 나가니 아침 공기가 상쾌하다. 호텔이 조금 높은 위치에 있어 마을이 내려다보이고 아침 햇살이 비치면서 밝아 오는 마을의 모습이 신비스럽다.

오전 9시 The Underground Motel을 출발하였다. 화이앨리의 험크 힐 전망대까지 614km의 거리다. 어제 쿠버 피디로 들어갔던 길을 되돌아 나오게 된다.

마을 풍광

황무지같이 넓은 벌판이 이어졌다. 도로를 달리다 보니 소금 연못이 보였다. 가까이 가서 보니 조그만 연못에 소금 덩어리의 모습이 보였다. 바닷물이 갇혀서 소금이 생성된 모양이다.

소금 연못

오후 2시 반경 화이앨라(Whyalla)의 험크 힐 전망대(Hummock Hill Lookout)에 도착하였다.

화이앨라(Whyalla)는 사우스오스트레일리아주에서 다섯 번째로 큰 도시로 스펜서만(Spencer Gulf) 에어 반도의 동쪽 연안에 있는 인구 25,000여 명의 항구이다. 건조지대에 있기 때문에 길이 359km의 송수관을 이용해서 머리강(Murray River)으로부터 물을 끌어오고 있다. 이 송수관은 1944년에 완공되었으며, 1966년에는 제2차 단계로 평행 송수관도 완공되었다.

Whyalla의 동쪽 끝이 내려다보이는 Hummock Hill은 철광석을 생산하던 브로컨힐관리회사(BHP)가 창설 100주년을 기념하기 위해 만든 전망대이다.

험크 힐 전망대

시원한 바다

전망대는 조금 높은 곳에 위치하고 있어 시원한 바다가 한눈에 펼쳐진다.

전망대에서 시원한 바다를 조망하고 2km 정도 떨어져 있는 오늘의 숙소로 예약한 Discovery Parks - Whyalla Foreshore에 도착하였다. 호텔의 모든 문이 닫혀 있고 방문자는 전화하라는 안내문이 붙어 있다.

안내문에 적혀 있는 전화번호로 전화를 하니 한 사람이 나왔다. 오늘 숙박을 예약한 사람이라고 하니 지금까지 어느 지역을 여행하였는지 물어보았다. 코로나19 바이러스 때문에 숙박업소에 당국의 지시가 내려진 모양이다. 험악한 분위기다.

다행히 별문제 없이 숙박을 허락받았다. 그런데 앞으로의 관광 일정이 문제다. 식당과 숙박업소가 문을 닫기 시작하였고 여행의 이동도 자유롭지 못했다.

내일은 뉴사우스웨일스주를 떠나 웨스턴오스트레일리아주로 이동해야 하는데 각 주의 운용되는 주민 통제 내용이 달라 언제 어떻게 여행길이 막힐지 알 수 없는 상태다.

이제 호주 여행을 계속하기에는 무리가 있어 보였다. 할 수 없이 여행을 중단하기로 결정하였다. 이제 한국으로 돌아가는 일이 큰 과제다.

여행 계획상으로는 2020년 5월 10일 브리즈번에서 인천공항으로 귀국하기로 되어 있는데, 기간이 너무 많이 남은 데다가 그때 가서 항공기가 운행될지도 알 수 없는 일이다.

많은 고민 끝에 우선 가까운 거리에 있는 애들레이드로 이동하여 귀국 항공편을 알아보기로 하였다.

DAY 47~57 (여행 중단에서 귀국까지 일정)

DAY 47 | 애들레이드 Adelaide
2020. 3. 27. 금

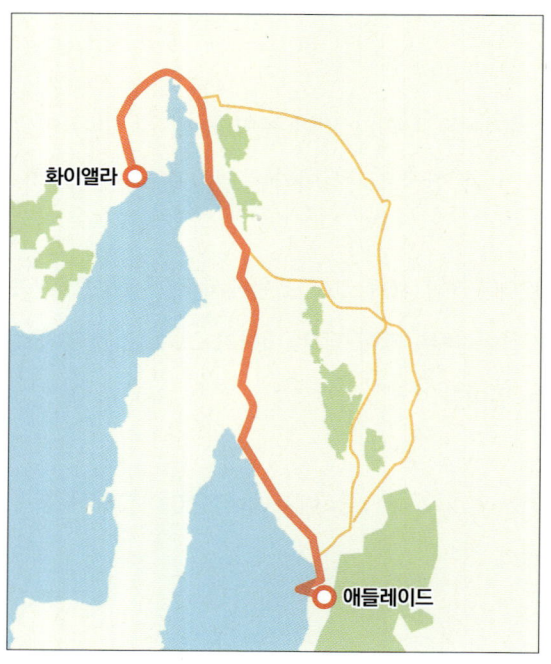

오전 9시 화이앨라를 출발하여 애들레이드로 이동하였다. 383km의 거리다. 디스커버리 파크스 - 애들레이드 비치프론트(Discovery Parks - Adelaide Beachfront)에 숙박을 정하였다.

오후가 되니 원래 여행 계획에 오늘 저녁 숙박하기로 예약하였던 세두나에 있는 숙박업소에서 코로나 관계로 예약을 취소하였다는 메시지가 왔다. 여행을 계속하려고 해도 할 수 없는 상태인 것이다. 너무나 갑작스럽게 상황이 바뀌어 간다.

앞으로의 귀국 일정에 대하여 여러 가지로 검토를 했다. 영사관과 대사관에 전화를 해 보아도 수시로 바뀌는 상황이라 각 주간의 이동이나 각 주의 방침을 정확하게 확인해 주지 못했다. 관광지를 예약하였던 호주 현지 여행사인 엘라 호주 여행사에도 확인해 보았으나 신통한 대답을 들을 수가 없었다.

각 주의 독립성이 강해 각 주의 운영 방침에 차이가 많기 때문이다. 임시항공편에 대하여도 전혀 확인이 되지 않았다.

DAY 48 | 애들레이드 Adelaide
2020. 3. 28. 토

　맑은 날씨다. 토요일과 일요일은 영사관이나 대사관, 여행사도 근무를 하지 않으니 정보를 확인할 수가 없어 답답하다. 정보 확인이 안 되니 이동을 할 수가 없어 이곳에서 하루를 더 숙박하기로 하였다.

　귀국 항공편을 확인하였다. 애들레이드 공항에서는 인천 직항 항공편이 없어 제3국을 거쳐 귀국하는 항공편을 구해야 하는데 홍콩을 경유하는 항공편에 대하여 중국에서 경유를 못 하도록 조치했다고 한다. 일본을 거치는 항공편은 일본에서 입국 통제를 해서 불가능하다. 제3국을 경유하는 항공편이 몇 개 있기는 하나 인도네시아처럼 코로나 감염이 안 되었다는 확인서를 필요로 하는 조건이 붙어 있어 확인서를 받을 방법이 없으니 불가능하다. 결국 에들레이드에서는 귀국할 수 있는 항공편이 없는 것이다.

　우리나라와 직항이 있는 브리즈번이나 시드니로 가서 항공편을 구하기로 했다. 내일 아침에 시드니를 향하여 이동을 하려고 뉴사우스웨일스주 툴리벅(Tooleybuc)에 있는 Tooleybuc Motel을 예약하였다. 이곳에서 493km 정도 떨어져 있는 곳이다.

　여행은 중단되었고 오직 귀국편을 알아보는 것이 하루 일과가 되었다.

인터넷에서 호주 정부의 발표 내용과 브리즈번이 있는 퀸즐랜드주와 시드니가 있는 뉴사우스웨일스주의 발표 내용을 검토하였다.

퀸즐랜드주는 다른 주에서 넘어오는 모든 사람을 14일간 격리하고 있으며, 뉴사우스웨일스주는 다른 주와의 이동을 막지는 않고 있으나 사람 간의 거리를 2m로 엄격하게 통제하고 있음을 확인하였다.

DAY 49 | 애들레이드 Adelaide
2020. 3. 29. 일

어제는 오늘 아침에 사우스오스트레일리아주의 애들레이드를 떠나 시드니로 향하기로 하고 뉴사우스웨일스주 툴리벅(Tooleybuc)에 있는 Tooleybuc Motel을 예약하였었는데 아침에 출발하지 못하였다.

이동하는 B12번 도로가 빅토리아주를 통과하게 되는데 주마다 운영하는 방법에 차이가 있어 주의 경계를 넘는 것은 무척 조심스럽다. 오늘 하루를 더 머물면서 자세한 정보를 확인하기로 했다. 어제 예약하였던 숙박업소는 취소가 되지 않아 하루의 숙박비만 허비하였다.

오늘은 일요일이라 대사관, 영사관, 여행사 모두 휴무라 인터넷을 이용하여 정보를 수집하는 방법밖에 없다.

하루 종일 인터넷으로 정보를 확인하고 귀국 방법을 연구하였다. 귀국편 항공기는 시드니에서 출발하는 항공기를 이용할 수밖에 없다는 결론에 이르게 되어 내일은 시드니를 향하여 출발하기로 하였다. 시드니로 가는 도로는 조금 돌아가는 길이기는 하여도 사우스오스트레일리아주에서 뉴사우스웨일스주로 직접 연결되는 A32번 배리어 하이웨이(Barrier Hwy)를 이용하기로 하였다.

DAY 50 | 브로큰 힐 Broken Hill
2020. 3. 30. 월

아침 9시 에들레이드를 출발하였다. A32번 배리어 하이웨이(Barrier Hwy)를 따라 이동한다. 시드니까지는 1,600여 km로 3일 정도가 소요되는데 오늘은 뉴사우스웨일스주의 브로큰 힐에 있는 Lodge Outback Motel까지 이동하여 숙박하기로 하였다. 512km의 거리다.

 황무지 같은 모습이 이어졌다. 말라 버린 풀만 조금씩 나 있는 넓은 벌판 가운데로 도로가 길게 뻗어 있다. 지나는 차량도 거의 보이지 않고 오직 황량한 벌판만 이어졌다. 호주의 내륙지역은 사람이 거주하기 어려운 환경인 것 같다.

황량한 벌판

오후 4시경 사우스오스트레일리아주와 뉴사우스웨일스주의 경계가 되는 콕번(Cockburn)을 지났다. 조그만 카페가 하나 있고 "뉴사우스웨일스주에 오신 것을 환영한다"라는 입간판이 세워져 있었다. 사람들은 거의 보이지 않는다.

주 경계를 지날 때 어떤 검사라도 하나 하고 긴장하였던 마음이 조금 놓여 안도가 되었다. 신속하게 주 경계를 통과하고 나니 오늘 일정은 별 문제 없이 진행되어 가는 것 같아 마음이 편안해졌다.

주 경계를 통과하고 40여 분을 더 달려 오늘의 숙박지인 브로큰 힐에 있는 Lodge Outback Motel에 도착하였다. 조그만 마을인데 사람들의 모습이 보이지 않는다. 여기는 사람 간 2m의 거리두기가 시행되고 있어 사람들이 밖으로 나오지 않는 것 같다. 넓은 도로가 차량도 없어 텅 비어 있는 모습이다.

마을 풍광

DAY 51 | 코바 Cobar
2020. 3. 31. 화

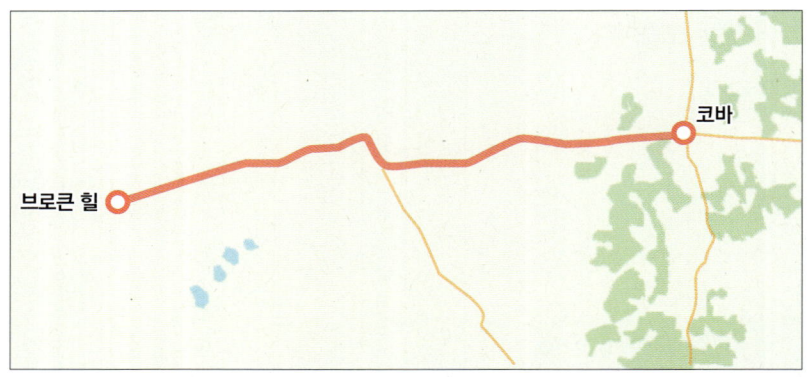

오전 9시 Lodge Outback Motel을 출발하였다. A32번 배리어 하이웨이(Barrier Hwy)를 따라 이동한다. 오늘 이동거리는 456km이다.

말라 버린 조그만 풀만 나 있는 황량한 벌판이 이어졌다. 풀도 없는 벌판에 양 떼 무리가 쉬고 있다. 척박한 땅에서도 양들을 키울 수 있는가 보다.

양 떼

오전 10시 반경 조그만 나무들이 한두 그루 보이기 시작했다. 기후가 달라지는 모양이다. 시간이 흐를수록 조금 크게 자란 나무들의 모습이 조금씩 더 많아지더니, 12시 이후에는 넓은 벌판에 제법 크게 자란 나무들의 모습이 이어졌다.

오후 3시경 코바에 있는 코바 캐러밴 파크(Cobar Caravan Park)에 도착하였다. 오늘 숙박하기로 예약을 한 곳인데 입구를 막아 놓았고 코로나19 때문에 숙박업소를 폐쇄 조치 하였다고 안내문이 붙어 있다. 난감하기 그지없다.

부근에 있는 상가도 모두 문을 닫았고 거리에 사람들의 모습도 보이지 않는다. 주유소는 운영 중인데 요금 결제를 하려면 줄을 서서 기다리다가 한 사람씩 카운터로 들어가야 했다. 상가도 사람 간 거리두기를 철저히 시행하고 있다.

거리두기 안내문

600m 정도 떨어져 있는 Hi-way Motel에 가보니 다행히 숙박객을 받아 준다. 호주에서는 코로나19에 대한 대책으로 음식점과 상점은 폐쇄하고 숙박업소도 일부 폐쇄하는 등 사람 간 거리두기 정책을 강력히 시행하고 있어 이제 잠자리를 걱정하여야 할 상황이 된 것이다.

DAY 52 | Blackheath
2020. 4. 1. 수

아침 9시 Hi-way Motel을 출발하였다. A32번 배리어 하이웨이 (Barrier Hwy)를 따라 세 자매 봉으로 유명한 카툼바(Katoomba) 근교에 있는 Blackheath까지 이동하기로 한 것이다. 이동거리 574km이다.

이동하는 도로 주변으로 나무들이 많이 우거져 보기에 좋다. 나무 우거진 사이로 도로가 이어지니 삭막하던 황무지를 지나 도심에 가까워지는 것을 느낄 수 있었다.

오후 4시경 Blackheath에 있는 Blackheath Motor Inn에 도착

하였다. 비가 조금씩 내린다. 호텔에는 숙박하는 사람이 없어 한가하고 비가 내리니 마음이 심란하다.

시드니에서 출발하는 대한항공이나 아시아나 항공의 임시편 좌석을 구해야 귀국할 수 있는데 항공사에 수시로 전화를 해 보아도 임시편 항공이 운행된다는 소식이 없어 마음이 점점 조급해졌다.

DAY 53 | 카툼바 Katoomba
2020. 4. 2. 목

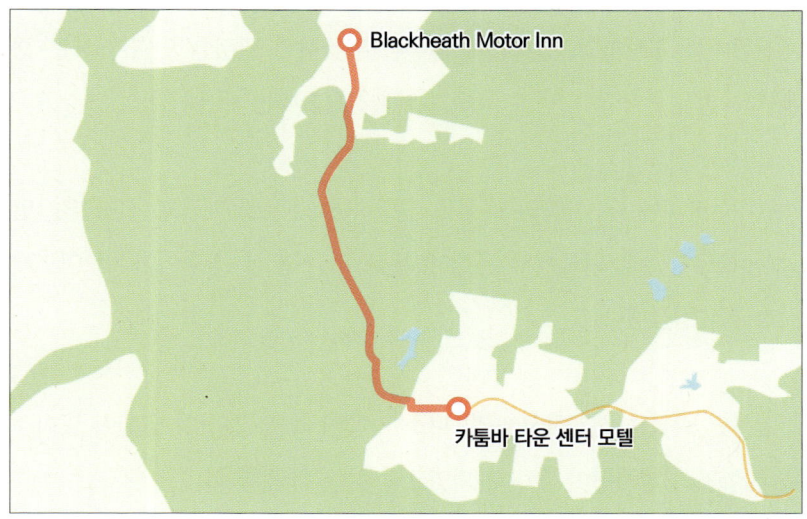

아침에 일어나 보니 어제부터 오던 비가 아직도 계속 내린다. 귀국 항공편을 구하지 못해 안타까운데 비가 내리니 더 우울하다.

오늘은 이동하는 데 소요되는 시간을 절약하고 귀국 항공편을 구하는 데 전념해야 하겠다. 숙소에서 12km 떨어진 카툼바에 있는 카툼바 타운 센터 모텔(Katoomba Town Centre Motel)로 이동하였다.

대사관, 영사관, 여행사에 귀국할 수 있는 정보를 확인하였다. 브리즈번에 있는 현대여행사(Hyundai Travel, 233 Albert ST Brisbane

QLD 4000, 07-3210-0061)에서 귀국을 희망하는 인원을 모집한다는 정보를 수집하였다.

2020년 4월 10일경 브리즈번에서 출발할 수 있는 대한항공 임시편을 추진한다는 정보였다. 신청금 100불을 입금하면 일정한 인원이 되는 경우 임시편을 운영해 달라고 관계기관에 신청한다는 내용이다.

현대여행사에 두 사람의 좌석을 신청하였다. 은행 계좌로 신청금을 입금하라고 하는데 외국에서 은행에 돈을 입금해 본 경험이 없어 어렵게 신청금을 입금했다.

임시편 좌석을 신청하고 나니 다소 마음이 놓였다. 신청 인원이 많아서 귀국 항공의 임시편이 잘 추진되었으면 하는 바람뿐이다.

대한항공에서 귀국 항공 임시편을 추진한다는 내용을 알게 되었다. 대한항공 시드니 지점(61-2-9260-4300)에 전화를 하였다. 좌석 한 자리가 남아 있다고 한다. 우선 아내의 좌석을 예약하였다. 편도 요금이 왕복 항공편 요금의 3배가 넘는 금액이지만 지금 상황에서는 좌석 한 자리 구하는 것이 너무나 어려운 일이니 그나마 다행이었다.

오후에는 주변을 돌아보았다. 세 자매 봉으로 유명한 에코 포인트(Echo Point)에 가 보았다. 주변을 모두 막아 놓아 전망대 부근에 접근할 수 없고 관광객이 없어 한산했다. 블루 마운틴 국립공원(Blue

Mountains National Park)에 있는 Grand Canyon Walking Track에 가 보니 입구를 막아 출입을 할 수 없었다. 코로나19로 관광지를 모두 폐쇄해 놓았다. 호주 전역이 코로나19 대책을 강력히 시행하고 있는 것이다.

DAY 54 | 시드니 Sydney
2020. 4. 3. 금

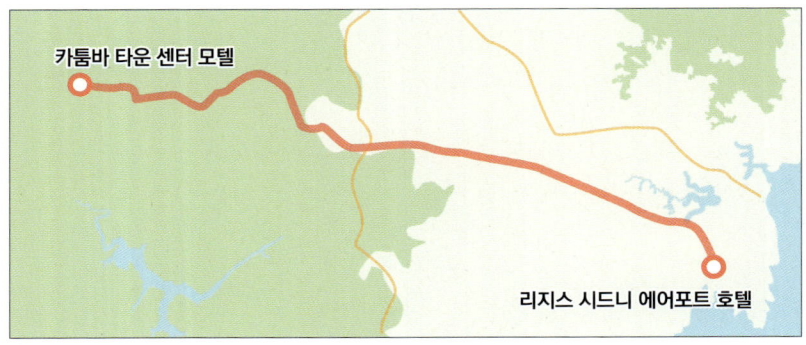

    시드니 공항 부근에 있는 리지스 시드니 에어포트 호텔(Rydges Sydney Airport)로 이동하였다. 104km의 거리이다. 내일 시드니 공항에서 출발하는 귀국 항공편을 타기 위하여 공항 옆으로 숙소를 정하였다.

    호텔 입구에서도 코로나 방역에 무척 신경을 쓰고 있다. 사람 간의 거리를 2m 이상 떨어지도록 하고 카운터 직원들도 무척 조심스럽다. 분위기가 무척 심각하고 오가는 사람들도 별로 없어 한산한 모습이다.

    호텔이 시드니 공항 안에 있어 공항에 들고 나는 사람들을 볼 수 있다. 공항 입구에 경찰관들이 많이 배치되어 있고 항공권을 소지한 사람만 공항 안으로 들어갈 수 있다. 코로나 방역에 전념하는 것이 실감 난다.

코로나 사태로 나들이하기도 쉽지 않아 호텔 방에만 있으려니 무척 지루하다. 귀국 항공편을 확인하는 것이 하루의 일과다. 내일이면 아내는 출국을 할 수 있게 되어 다행인데 내 귀국편 좌석은 구하지 못하여 불안하다.

오후에 대한항공 시드니 지점에 전화를 해 보았다. 4월 6일 시드니 공항에서 출발하는 귀국 항공 임시편에 좌석 한 자리가 있다고 한다. 내 좌석으로 예약을 하였다. 이틀 사이를 두고 아내와 떨어져 귀국하게 되어 아쉽기는 해도 내 좌석마저 예약을 하고 나니 안심이 되었다.

편안한 마음으로 휴식을 하였다. 이제 임시편 항공기가 취소만 되지 않으면 귀국할 수 있다. 코로나 방역 관계로 취소도 잘 된다고 하니 시간이 가서 항공기가 공항을 잘 출발할 수 있기만을 고대할 뿐이다.

저녁 식사를 하고 귀국편 항공기의 운행 상황을 파악해 보려고 대한항공 시드니 지점에 다시 전화를 했다. 그런데 예상치도 못했는데 4월 6일 임시편 항공기에 좌석이 한 자리 더 생겼다고 한다. 아내가 혼자 귀국편 항공기에 타게 되는 것이 불안했었는데 너무나 반가운 일이다. 결국 4월 6일 임시편 항공기에 아내와 둘이 같이 귀국하게 되었다. 너무나 기적 같은 일이 생긴 것이다.

시드니 공항의 밤 풍경이 불빛에 찬란히 빛난다.

DAY 55 | 시드니 Sydney
2020. 4. 4. 토

이제 렌터카를 반납하여야 한다. 원계획은 브리즈번까지 가서 렌터카를 반납하게 되어 있는데 여행을 중단하고 다시 시드니로 오게 되어 여기서 반납해야 한다. 시드니 지점에 문의해 보니 시드니 지점에서 렌터카를 반납할 수 있다고 한다. 렌터카 사무실에 가까운 곳에 있는 시타딘 커넥트 시드니 에어포트(Citadines Connect Sydey Airport) 호텔에 숙소를 정하였다. 4.8km 정도 떨어져 있다.

호텔 주변은 사람들의 모습이 보이지 않아 한적한 모습이다. 코로나로 산책하는 사람도 없고 주변이 조용하다.

짐을 정리하고 렌터카를 반납하였다. 이제 출국 준비가 되었고 렌터카를 반납하고 나니 마음이 홀가분하다. 주변을 산책할 수도 없고 호텔 안에 머물 수밖에 없다.

귀국 항공편이 정해지고 나니 마음도 편안해서 창문으로 내려다보이는 주택가를 바라보며 휴식을 취했다.

DAY 56 | 시드니 Sydney
2020. 4. 5. 일

하루를 호텔에서 지냈다. 밖에 나가기가 조심스러워 방에서만 지냈다. 창밖으로 보이는 주택가의 모습을 바라보며 편한 마음으로 휴식을 할 수 있어 다행이다.

밤이 되자 창밖으로 보이는 주택가의 모습이 가로등 불빛에 밝게 빛난다. 내일이면 귀국할 수 있구나 생각하니 감회가 새롭다. 오직 항공기 일정이 바뀌지 않기를 바라며 호주에서의 마지막 밤을 보냈다.

DAY 57 | 시드니 Sydney, 서울 Seoul
2020. 4. 6. 월

오늘은 귀국하는 날이다. 새벽 동이 트는 하늘은 온통 붉은색이다. 어둠 속에서 밝아 오는 태양을 바라보며 호텔에서 제공해 주는 차량으로 시드니 공항으로 향했다.

공항 입구에는 경찰들이 많이 배치되어 있다. 체온을 측정하고 항공기 티켓도 확인하고 짐도 점검하고 나서야 공항 안으로 들어갈 수 있었다. 출국하는 사람들이 별로 없어 출국 수속은 간단하게 끝났다.

오전 9시 5분 비행기가 공항을 이륙한다. 공항을 이륙한 비행기가 하늘 높이 오른다. 공항이 점점 멀어지면서 아름다운 뭉게구름이 하늘을 수놓는다. 참으로 감개무량하다.

오후 6시경 인천공항에 도착하였다. 코로나19 방역으로 체온을 측정하고 핸드폰에 자가격리자 앱을 깔고 입국 수속을 마쳤다. 이제 한국에 돌아온 것이다.

공항에서 별도로 준비한 귀국자용 리무진을 타고 자택 주소지 관할의 구청에 가서 소독을 하고 집에 도착하였다. 길고 힘들었던 귀국길이 끝난 것이다.

집에서 2주간 자가격리를 하였다. 하루에 두 번씩 체온 측정을 하여 보고를 한다. 귀국하는 동안의 긴장이 풀려서 무척이나 피곤한 2주를 보냈다.

호주 일주 여행을 마치지도 못하고 귀국하느라고 무척 고생하였다. 아쉬움이 남았다. 코로나19가 맹위를 떨치니 호주 일주 여행 중 나머지 구간의 여행을 할 수 있을지 모르겠다.

뭉게구름

Australia